開始在泰國
自助旅行

作者◎吳靜雯

太雅

「遊泰國鐵則」

☑ 小心嘟嘟車！

理由：嘟嘟車(TukTuk)或三輪車(Samlor)是以喊價的方式，遊客總得付出較高的代價搭乘。最常遇到的陷阱是觀光區的司機喊出很便宜的價錢(如：30泰銖)，帶你遊覽市區各景點，這種通常會被帶到可拿佣金的珠寶店。但最危險的是晚上被帶到黑心餐廳。若不幸被帶到這樣的餐廳，請務必堅持離開。否則點餐食用後，得付出很高的餐費才得以平安走出餐廳！請務必注意：不要在觀光區域搭嘟嘟車，如：大皇宮及臥佛寺周區。

☑ 當心計程車、善用APP叫車

理由：在曼谷有時還是會遇到不按錶計費漫天喊價的計程車。曼谷以外的區域，計程車幾乎都是喊價或固定價。上車前請先告知目的地，問司機是否願意載客；上車後，注意司機是否按錶。若是以喊價計費者，記得先講好價錢再上車。若不幸遇到抵達後漫天叫價的情況，可請當地人(如旅館服務人員)代為溝通。建議使用Grab或Bolt叫車。

☑ 駕駛方向大不同！

理由：泰國的駕駛方向與台灣相反，剛抵達泰國時，上計程車通常會想坐到駕駛座的位置。請務必記得：過馬路一定要兩個方向都看清楚沒來車，才踏出腳步。

☑ 尊敬泰國皇室！

理由：泰皇對泰國人來講，是精神依歸，泰國人民對於皇室家族極為尊敬。皇室家族出席的場合，不可隨便照相，保安也極為嚴密，絕對不要做出不敬的行為。泰國人民的尊敬程度是，即使人站在空鐵捷運站內，王族座車經過捷運下面的平面道路，所有人都要站離捷運站邊緣一定的距離。泰國郵票會有國王的肖像，因此也不可以舔郵票。

☑ 腳不指人

理由：泰國人認為頭頂天，頭是人體最神聖之處，絕不可隨便觸碰，即使是小孩。並切記不要以腳指向他人或觸碰他人，這是非常不禮貌的行為。

☑ 女性不觸碰和尚！

理由：女性不可與和尚有直接的肢體碰觸，若要拿東西給和尚，可透過其他男性轉遞，或是將物品放在和尚拉起的衣角上。女性也不要坐在和尚旁邊，泰國地鐵及公共交通，除了老弱婦孺優先座位之外，還有個和尚禮讓座。

☑ 當心無照導遊！

理由：有些景點會有人宣稱自己是導遊，其中有些是無照的騙子，不是要你購買高價花燭，就是要索取高價導覽費。

☑ 進寺廟，請脫鞋！

理由：進入泰國的廟宇一律都要脫鞋，對於所有神像均應持尊敬之心。

☑ 尊重當地文化！

理由：出國旅遊，應抱著到別人家作客的心態。持著不帶批判的開放之心，尊敬當地文化、生活習慣，相信當地人也會感受到這樣柔軟的心，不吝給予美麗的回饋。

☑ 小費文化！

理由：旅館、餐廳代客停車、按摩中心的服務人員都習慣收小費，可依服務品質給小費。如代客停車給20泰銖，平價按摩中心給50泰銖、中上按摩中心給100～150泰銖(約10%)，司機導遊每天可給100～200泰銖。

☑ 榴槤別近車、屋！

理由：榴槤的味道非常「香濃」，為了避免這特殊味道隨著室內空調流竄到各處，禁止將榴槤帶進密閉空間，如車內或旅館。

☑ 說聲Sawadee，微笑吧！

理由：泰國號稱「The Land of Smiles」，大部分泰國人都很友善，進店家、與人接觸時，不妨先說聲Sawadee(你好)！

泰國對流行性傳染病防範政策

泰國已全面開放，基本上除了還有些人戴口罩外，幾乎已回復到疫情前的生活。出發前若想再次確認當地最新訊息，可至外交部領事事務局網站的「世界各國因應COVID-19疫情相關措施一覽表」，了解最新情況。(以上資訊來源：衛福部)

疫情防護與規定

- **個人衛生用品：**建議隨身攜帶口罩、乾洗手液、濕紙巾等個人衛生用品。
- **疫苗：**抵達泰國當地入境，不需檢查任何疫苗證明，由台灣出國也不會有任何檢測。
- **口罩：**飛機上、當地的公共交通工具上，建議戴口罩，但非硬性規定。
- **保險：**衛福部建議國人出國前投保COVID-19保險，以備不時之需。

急難救助求救管道

- 在國外遭逢急難事故，請先聯絡當地駐外館處急難救助專線：+66-81-666-4006。
- 如無法與駐外單位取得聯繫，可請國內親友協助撥打免付費「旅外國人緊急服務專線」0800-085-095，自國外撥打回國須自付國際電話費用，撥打方式為：(當地國國際電話冠碼)+886-800-085-095。
- 旅途中或返國途中如果有任何不適症狀，入境時可諮詢疾病管制署機場檢疫櫃檯，檢疫人員會給予適切的資訊及處理，以保障您及親友的健康。如果當地有特殊疫情，請務必依規定進行入境主動通報。
- 旅遊後21天內如有不適，建議就醫評估，並告知醫師相關旅遊史，以利醫師作出正確的診斷。如果有咳嗽、喉嚨痛等呼吸道症狀，建議配戴口罩。
- 如有任何疑問，可撥打疾病管制署免付費諮詢專線1922或0800-001922洽詢(國外請撥+886-800-001922，發話端需自付跨國撥打費用)。

臺灣太雅出版
編輯室提醒

出發前,請記得利用書上提供的通訊方式再一次確認

　　每一個城市都是有生命的,會隨著時間不斷成長,「改變」於是成為不可避免的常態,雖然本書的作者與編輯已經盡力,讓書中呈現最新的資訊,但是,仍請讀者利用作者提供的通訊方式,再次確認相關訊息。因應流行性傳染病疫情,商家可能歇業或調整營業時間,出發前請先行確認。

資訊不代表對服務品質的背書

　　本書作者所提供的飯店、餐廳、商店等等資訊,是作者個人經歷或採訪獲得的資訊,本書作者盡力介紹有特色與價值的旅遊資訊,但是過去有讀者因為店家或機構服務態度不佳,而產生對作者的誤解。敝社申明,「服務」是一種「人為」,作者無法為所有服務生或任何機構的職員背書他們的品行,甚或是費用與服務內容也會隨時間調動,所以,因時因地因人,可能會與作者的體會不同,這也是旅行的特質。

新版與舊版

　　太雅旅遊書中銷售穩定的書籍,會不斷修訂再版,修訂時,還區隔紙本與網路資訊的特性,在知識性、消費性、實用性、體驗性做不同比例的調整,太雅編輯部會不斷更新我們的策略,並在此園地說明。您也可以追蹤太雅IG跟上我們改變的腳步。

⊙ taiya.travel.club

票價震盪現象

　　越受歡迎的觀光城市,參觀門票和交通票券的價格,越容易調漲,特別Covid-19疫情後全球通膨影響,若出現跟書中的價格有落差,請以平常心接受。

謝謝眾多讀者的來信

　　過去太雅旅遊書,透過非常多讀者的來信,得知更多的資訊,甚至幫忙修訂,非常感謝大家的熱心與愛好旅遊的熱情。歡迎讀者將所知道的變動訊息,善用我們的「線上回函」或直接寄到taiya@morningstar.com.tw,讓華文旅遊者在世界成為彼此的幫助。

開始在泰國自助旅行 熱銷新第四版

作　　者　吳靜雯

總 編 輯　張芳玲
發想企劃　taiya旅遊研究室
編輯室主任　張焙宜
企劃編輯　徐湘琪
文字編輯　邱律婷
修訂主編　詹湘伃、鄧鈺澐
美術設計　許志忠
封面設計　許志忠
地圖繪製　許志忠

太雅出版社
TEL：(02)2368-7911　FAX：(02)2368-1531
E-mail：taiya@morningstar.com.tw
太雅網址：http://taiya.morningstar.com.tw
購書網址：http://www.morningstar.com.tw
讀者專線：(02)2367-2044、(02)2367-2047

出 版 者　太雅出版有限公司
　　　　　106020 台北市辛亥路一段30號9樓
　　　　　行政院新聞局局版台業字第五○○四號

讀者服務專線：(02)2367-2044 / (04)2359-5819#230
讀者傳真專線：(02)2363-5741 / (04)2359-5493
讀者專用信箱：service@morningstar.com.tw
網路書店：http://www.morningstar.com.tw
郵政劃撥：15060393(知己圖書股份有限公司)

法律顧問　陳思成律師

印　　刷　上好印刷股份有限公司　TEL：(04)2315-0280
裝　　訂　大和精緻製訂股份有限公司　TEL：(04)2311-0221

四　　版　西元2023年09月01日
定　　價　380元

(本書如有破損或缺頁，退換書請寄至：
台中市西屯區工業30路1號　太雅出版倉儲部收)

ISBN　978-986-336-458-0
Published by TAIYA Publishing Co.,Ltd.
Printed in Taiwan

國家圖書館出版品預行編目(CIP)資料

開始在泰國自助旅行／吳靜雯作.
——四版，——臺北市：太雅，2023.09
面；　公分 . ——（So easy；089）
ISBN　978-986-336-458-0　（平裝）
1.自助旅行　2.泰國
738.29　　　　　　　　　112010168

填線上回函

開始在泰國自助旅行

pse.is/53sa9z

旅遊泰國你最想知道的問題
行前Q&A

Q1
一個人到泰國自助旅行安全嗎？

泰國觀光業為主要經濟來源，因此泰國政府致力維護最佳的旅遊環境，只要事先了解會有哪些陷阱(如：不要搭觀光景點區的嘟嘟車、不喝陌生人的飲料)，即使是一個人旅遊泰國，也可輕鬆享受假期。

一個人旅遊可投宿多人共住的青年旅館，認識其他旅伴，晚上結伴出遊或到餐廳用餐。單行者晚上不要搭嘟嘟車，建議使用APP叫車或攔在路上跑的空車，不要搭停在景點或夜店外候客的計程車。

Q2
有哪些安全上的問題需要特別注意？

1. 泰國最南端，靠近馬來西亞邊境的Pattani省，Yala、Narathiwat，及Songkhla城市，常因宗教問題發生炸彈攻擊。
2. 柬埔寨邊境的Preah Vihear (泰文為Khaoi Pra Viharn)寺廟周區及Ta Krabey / Ta Moan寺廟周區有時會發生軍事紛爭。旅遊前請事先查看當地情況。
3. 摩托車車禍是最常見的事故，行車時要特別小心從小路鑽出的摩托車。
4. 酒吧桃花劫：上酒吧要特別注意被下藥竊取財物。
5. 黑心嘟嘟車：大皇宮或臥佛寺外常有人過來跟你說今天沒開，他們可以帶你參觀市區其他景點。這是黑心嘟嘟車最常用的手法！
* 出國旅遊前請先上外交部領事事務局網站的「出國旅遊資訊」查詢最新旅遊安全注意事項：www.boca.gov.tw。

Q3
泰國落後嗎？交通便利嗎？

曼谷已是相當先進的大都會，基礎設備完善，路邊攤的衛生程度其實跟台灣差不多。當地旅行社提供各種旅遊配套選擇，長途巴士設備良好、長途火車也有臥鋪車廂，幾乎景點區都有小巴士銜接。

Q4
語言不通怎麼辦？

泰國遊客相當多，熱門旅遊城市大都可以簡單的英文溝通，計程車、嘟嘟車或鄉下地方英文不通者，可先請旅館或當地人書寫泰文地址或需求，現在也有許多免費的旅遊泰文App，有些商店甚至有會說中文的店員。只要記住「雙手萬能」最高原則，點菜可看別桌的菜色跟著點。不用害怕、勇於嘗試，文法一點也不重要，簡單的單字或比手畫腳即可遊泰國。(請參見各篇「應用泰文指指點點」)

Q5
什麼季節最適合去泰國？

11～3月的乾爽涼季最適合旅遊泰國，海上風浪小，可悠游於純淨海域；乾爽的路況，也適合到叢林探險。4月的潑水節及11月的水燈節，也是相當特別的拜訪時間。

Q6
泰國到底有多熱？

當地人常笑說泰國分三季：熱、很熱、非常熱。泰國真的分三季：11～3月是涼爽的乾季，最適合拜訪泰國，氣溫約為18～32℃；4～6月為熱季，27～35℃；7～10月為雨季，幾乎每天都有午後雷陣雨，24～32℃。

如何使用本書

本書是針對旅行泰國而設計的實用旅遊GUIDE。設身處地爲讀者著想可能會面對的問題,將旅人會需要知道與注意的事情通盤整理。

泰國概況:帶你初步了解泰國外,還提醒你行前的各種準備功課,以及你需要準備的證件。

專治旅行疑難雜症:辦護照、機場入出境驟、機場到市區往返交通、當地交通移動方式、機器購票詳細圖解教學、選擇住宿、如何辦理退稅、如何緊急求助等等。

提供實用資訊:各大城市熱門景點、飲食推薦、購物區推薦、交通票券介紹,所有你在泰國旅行可能遇到的問題,全都預先設想周到,讓你能放寬心、自由白在地享受美好旅行。

▲ **篇章**
以顏色區分各大篇章,讓你知道現在閱讀哪一篇。

資訊這裡查 ▲
重要資訊的網址、地址、時間、價錢等,都整理在BOX內,方便查詢。

▲ **機器、票卡、看板資訊圖解**
購票機、車票、交通站內看板資訊,以圖文詳加說明,使用介面一目了然。

◀ **Step by Step圖文解說**
出境、交通搭乘、機器操作、機器購票,均有文字與圖片搭配,清楚說明流程。

◀ **小提醒**
作者的玩樂提示、行程叮嚀、宛如貼身導遊。

作者序 享樂、住宿、SPA、設計，體驗泰繽紛

「Amazing Thailand！」這是泰國觀光局對泰國旅遊所下的標語，相信曾到泰國旅遊者，都想對這麼一句話按一個讚！因為泰國的繽紛，不只有曼谷的都會享樂、清邁及素可泰的悠閒文化、拜城的嬉遊、金三角的叢林探險、華欣的氣質椰林沙灘，還有普吉島、Raya島、PP島、蘇美島、龜島等小島的純淨海域以及那徐徐催人眠的舒服海風……

除了得天獨厚的大自然環境外，泰國人還最會把人按得舒舒服服的，而泰國料理，更是讓人一面喊辣、一面又停不下嘴來。最有趣的是，泰國人創意十足、幽默指數破表，各種新奇的花樣不斷地推陳出新，無論是街上或捷運上的廣告設計，還是店裡的實用設計品，都讓人一面笑著看、一面豎起大拇指納入袋。也因為如此，即使你每年都到泰國報到，也不覺得無聊，永遠都有新鮮事等著你去探索！

而到泰國自助旅行後，簡直就是讓人想抬高下巴驕傲地說聲：「So Easy！」這個以旅遊業為重的國家，各項旅遊配套措施都極盡所能地滿足遊客的各種需求。無論對自助旅行新生或老同學，都可輕鬆上手、大方享受。

本書將泰國自助旅行的各項資訊整理在此，期望能協助旅遊新生了解自助旅行該如何準備，並向曾到泰國旅遊的朋友介紹泰國各處的旅遊選項，當你第二次、第三次、第四次到泰國旅遊時，每次都可安排新地方，讓自己的泰國之旅永遠有新鮮體驗。

感謝協助本書採訪的泰國觀光局台北辦事處，也謝謝太雅編輯群的耐心。還有在旅途中，曾一起探索新點的朋友與婆婆媽媽們，有你們協助，讓這次的採訪層面更豐富了。

Thailand · 泰國

關於作者　**吳靜雯**

　　一個愛深度探索世界的牡羊座，喜歡隨地而坐享用道地小吃，也喜歡偶爾上上高級餐館，享受當旅人的奢侈；喜歡窩居背包客旅館，打探各方小道消息；也喜歡入住傳奇旅館，驚嘆各家旅館的細心雅緻。期許自己能將更多元化的世界樂活方式介紹給大家，整理出讓讀者玩得安心又快樂的旅遊書。

　　出版作品：太雅個人旅行書系《英國》；世界主題書系《真愛義大利》《泰北清邁・曼谷享受全攻略》；So Easy書系《開始在義大利自助旅行》《開始在越南自助旅行》《開始在泰國自助旅行》《開始在土耳其自助旅行》《開始到義大利購物&看藝術》《嚴選台南》等。

目 錄 CONTENTS

12

認識泰國
泰國是個什麼樣的國家？

22

行前準備
出發前，
要預做哪些準備？

44

機場篇
了解泰國的國際機場

60

交通篇
遊遍泰國，搭什麼交通工具？

74

住宿篇
在泰國，有哪些住宿選擇？

認識泰國
About Thailand

泰國，是個什麼樣的國家？

想來一趟人生中的第一次自助旅行？泰國應該是很理想的旅遊目的地。曼谷大
都會的社會形態其實跟台北差不了多少，只要先了解可能會遇到的小陷阱，就
能輕鬆悠遊泰國。

⑧ 金三角(Golden Triangle)

⑦ 清萊(Chiang Rai)

緬甸

寮國

越南

⑥ 湄宏順及拜城(Mae Hong Song & Pai)

⑨ 清邁(Chiang Mai)   適合旅遊季節：11～2月
⑩ 南奔(Lamphun)

⑪ 清刊(Chiang Khan)
● 黎府(Leoi)

⑤ 素可泰(Sukhothai)

泰　國

④ 拷艾國家公園(Khao Yai)

② 大城(Ayutthaya)

北碧(桂河大橋) ③
(Kanchanaburi)

☆ 曼谷
Bangkok   適合旅遊季節：11～2月

① 芭達雅(Pattaya)

⑬ 沙美島(Ka Samet)   柬埔寨

⑭ 象島(Ko Chang)   越南

⑫ 華欣(Hua Hin)

暹邏灣

⑳ 龜島(Ko Tao)

⑮ 帕安島(Ko Pha-Ngan)

⑲ 蘇美島(Ko Samui)

適合旅遊季節：12～8月

攀牙灣(Phang Nga)

⑱ 喀比(Krabi)

普吉島(Phuket) ⑯
⑰ PP島

適合旅遊季節：11～4月

馬來西亞

泰國全圖

地圖繪製／許志忠

泰國各地快速導覽

泰國是個自然資源豐富的國家，擁有美麗純淨的海域、神祕的叢林、獨特的藝術風格、以及幽默友善的泰國民情。長年以來一直是東南亞最熱門的旅遊國家，完善的設備及旅遊配套，更是方便自助旅行者輕鬆暢遊。

★ 曼谷(Bangkok)

　　年年獲選為全球最佳旅遊城市的天使之城——曼谷，是泰國唯一的大都會。城市內擁有讓人買不停手的時尚設計小物、匯集世界各地的潮流美食，與驚豔連連的住宿選擇，同時還保留許多讓人讚嘆的傳統文化，與精緻的工藝藝術。

01 芭達雅(Pattaya)

　　越戰期間美軍的黃金海岸，現有許多火辣的酒吧及熱鬧或清幽的沙灘。

02 大城(Ayutthaya)

　　曾為17～18世紀大城王國的首都，雖然許多古廟被緬甸大軍嚴重破壞，但古遺跡區的悠古氣息仍相當迷人，大城遺產節的活動更是不可錯過。

03 北碧(Kanchanaburi)

　　最著名的為死亡鐵路火車之旅及美麗的Erawan七層瀑布、野生動物園，還可入住水上旅館。

04 拷艾國家公園(Khao Yai)

　　位於曼谷東北部的Korat府，為亞洲最大的季雨林，最佳叢林健行探險地點，擁有壯麗的瀑布，有時還可看到漫步於林間的大象家族。

05 素可泰(Sukhothai)

　　泰國第一個王朝——素可泰王朝的首都，意思是「快樂的開始」。古遺跡區保留完整，已列為世界文化遺產，水燈節尤其迷人。

06 湄宏順及拜城(Mae Hong Song & Pai)

　　泰緬邊境小鎮。遊客可以搭乘皮艇享受刺激的溪流泛舟樂趣，也可登山健行，或者在拜城享受清靜的山林。

07 清萊(Chiang Rai)

曾為泰北蘭納王朝的第一個首都，現為探訪金三角的門戶，整個小鎮散發著一股悠然的風情。

08 金三角(Golden Triangle)

位於泰、緬、寮三國交界處、叢林山巒層疊的神祕地區。曾為全球最大的毒品產地，現已揭開神祕面紗開放觀光，還在叢林裡打造了奢華住宿，讓遊客與大象一起享受叢林。

09 清邁(Chiang Mai)

泰國第二大城，但整個城市仍屬小鎮規模，城內除了有沉靜的寺廟氛圍外，小巷中還隱藏著許多可愛的小店，讓旅人充分享受泰式嬉遊趣。郊區還有許多刺激的野外活動，無論是自然野趣或泰北獨特藝術，清邁通通有！

10 南奔(Lamphun)

清邁附近的南奔古城，仍保有許多古遺跡。

11 清刊(Chiang Khan)

位於寮國邊陲，是個充滿文青風的古樸小鎮。所在的黎府Leoi，每年7月還有獨特的鬼面節。

12 華欣(Hua Hin)

距離曼谷僅2.5小時車程的濱海小鎮，為泰國皇室最愛的優質度假區，整個小鎮散發著甜美的獨特藝術風格。除了有燒烤海鮮攤林立的觀光夜市外，還有充滿度假風的週末創意市集，也可到葡萄酒莊品酒享美食！

13 沙美島(Ko Samet)

曼谷年輕人週末最愛的樂活度假小島，可在此充分享受無憂無慮的慢生活，如：閣骨島(Koh Kut)。

14 象島(Ko Chang)

靠近柬埔寨的離島，可從事許多叢林活動，附近小離島也美如天堂，如：閣骨島(Koh Kut)。

15 帕安島(Ko Pha-Ngan)

位於龜島與蘇美島之間，有著熱帶海島天堂之稱，為背包客最愛的悠閒度假小島，並以瘋狂的月圓派對(Full Moon Party)聞名。

16 普吉島(Phuket)

泰國最大的島嶼，擁有豐富的旅遊資源。除了美麗的沙灘、瘋狂的超大型酒吧外，普吉鎮優雅

的殖民風老建築內，還有許多充滿文化與藝術氣息的小藝廊及咖啡館。攀牙灣(Phang Nga)距離普吉島約1小時，擁有美麗的奇岩海域，為普吉島最熱門的一日遊行程。

17 PP島(Ko Phi Phi)

石灰岩峭壁、寧靜無比的海域、純白的沙灘，雖已相當知名，但島上仍有許多安靜的角落，可以讓人百分百放鬆度假。

18 喀比(Krabi)

前往PP島的最佳據點，有喀斯特岩環繞的碧

綠海域，同時也是攀岩勝地。附近還有個隸屬於蘭塔海洋公園的蘭塔島(Ko Lanta)，另一個海灘(Trang)，目前正蓬勃發展其觀光業。

19 蘇美島(Ko Samui)

蘇美島從1970年代起，開始成為泰國最熱門的高級度假小島，島上有許多高級旅館，但其實附近的龜島及南悠島比蘇美島還要美麗，可參加一日跳島行程。

20 龜島(Ko Tao)

蘇美島北部小島，為泰國著名的潛水及浮潛地點，仍較為原始，Sairee區域的沙灘及日落則相當迷人。特別推薦南悠島(Koh Nang Yuan)這個夢幻小離島，安通國家公園的島湖划舟也超美。

泰國小檔案

地理 | 自然生態最多元

　　泰國位於中南半島諸國中心，東鄰寮國、柬埔寨，西接狹長的緬甸，南鄰馬來西亞。北部多為叢林，中部為平原，南部多熱帶雨林，自然生態相當豐富。

歷史 | 現為君主立憲制

13～14世紀：素可泰王朝

14～18世紀：大城王朝（阿育塔亞王朝）

18世紀～現今：曼谷王朝（卻克里王朝）

1980年代：政治民主化，改為君主立憲制

泰國基本情報

面積：513,120平方公里

首都：曼谷

人口：約6,800萬人

政治：君主立憲制

宗教：篤信佛教

語言：泰文為主，英文為主要外語

貨幣：泰銖(Banh，簡寫為THB)

曆制：泰曆以佛教紀元為基準，西元前543年
　　　　為泰曆元年，也就是早了543年

航程：約3.5～4小時

宗教 | 篤信佛教的國家

　　泰國以小乘佛教為主，約有95%的人民為虔誠的佛教徒，假日或重要節慶全家會到寺廟奉食，供奉各種食物及生活用品給在廟裡修行、為眾生祈福的和尚。而泰國男性也幾乎都會到廟裡短期剃度修行，因為他們認為這可為家人積德。大部分會選在無法農作的雨季或家裡發生大事件時入寺修行。

　　泰國大大小小的建築、家屋旁，也都設有小靈屋，每日供奉花、水、食物，請神靈繼續保佑居住在此的人們。曼谷市區許多現代建築的靈屋，也會依據其建築特色，設計出別致的樣式。

 豆知識

泰皇萬萬歲

　　於2016年10月13日過世的泰皇，在位70年，享年88歲，為史上在位最久，也是最受泰國人民愛戴的國王。12月5日為蒲美蓬泰皇的生日，這天也是泰國的父親節。繼任者為瓦吉拉隆功王儲。

認識泰國

氣候 | 熱帶氣候，終年長熱

泰國屬熱帶氣候，但依區域及季節，仍有些許差異。

11～2月：涼爽的乾季，也是最適合拜訪泰國的季節，約為18～23℃。清邁為13～28℃，寒流來時山上還會降到10℃以下。

3～6月：炎熱的熱季，27～35℃。

7～10月：雨季，午後常出現滂沱大雨，24～32℃。清邁的雨季集中在9～11月。南部的普吉島雨季為5～10月，要特別注意海上浪大的紅色警告旗幟。

月份	溫度	節日
1月	21～32	1月1日：元旦
2月	23～33	1月或2月：中國春節(非公休日，但商店多會休息4天)
3月	25～34	泰曆3月15日：萬佛節
4月	26～35	4月6日：卻克里王朝開國紀念日 4月13～15日：潑水節
5月	25～34	5月1日：勞動節 5月4日：現任泰皇登基紀念日 5月滿月：春耕節 5月第三週：清萊荔枝節(荔枝小姐選拔)
6月	25～33	泰曆6月15日：佛誕節 山竹、榴槤產季
7月	25～32	7月滿月：守夏節 7月28日：國王誕辰日(萬壽節) 鬼臉節(面具節)
8月	25～32	8月12日：皇后誕辰(母親節) 泰曆8月15日：三寶佛節
10月	24～32	10月13日：拉瑪九世皇逝世紀念日 10月23日：五世王紀念日 曼谷泰國皇家船艦巡禮
11月	23～31	泰曆12月15日：湄宏順小野菊花季、水燈節
12月	21～31	12月5日：拉瑪九世誕辰日(父親節) 12月10日：憲法紀念日 12月31日：除夕 12月上旬：大城世界遺產日

語言 | 泰文，英文為主要外語

泰文自1283年蘭甘亨大帝時期使用至今。

經濟 | 觀光旅遊為主要收入

1990年急速發展，曾是亞洲經濟主體，但1997年遭逢亞洲金融危機而元氣大傷。現已復甦並蓬勃發展，旅遊業為其主要經濟來源之一。目前是東南亞國家中，基礎建設及醫療較為先進的國家之一。首都曼谷更融合了東西方文化，為全球重要的國際都市之一。

時差 | 慢台灣1小時

慢台灣1小時，台灣7點＝泰國6點。

電壓 | 220V

泰國電壓是220伏特。現在的3C產品幾乎都是萬國通用電壓器，只要攜帶轉接頭備用即可，當地插座多可接受兩孔平針式或3孔圓針插頭。當地的超市或電器行也都可買到轉接頭。

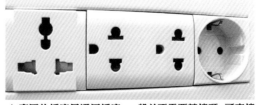

▲ 泰國的插座是通用插座，一般並不需要轉接頭，可直接插用

泰國小檔案 09

貨幣 | 幣值相當於新台幣

泰銖：Thai Banh或THB，一般以B標示。1泰銖＝100沙丹。共分為20、50、100、500、1,000泰銖的鈔票，25沙丹、50沙丹及1、2、5、10泰銖的硬幣。所有錢幣的正面圖案均為泰皇像，背面則為重要建築，如玉佛寺、鄭王廟、金山等。

泰國小檔案 10

航程 | 3.5～4小時

由台灣飛往泰國約3.5～4小時，去程時間較長，回程較短（航班資訊請參見P.36）。

泰國小檔案 11

人口 | 大部分集中在曼谷

泰國人口約6,800萬人，多集中在曼谷地區。

泰國小檔案 12

營業時間 | 各機構商場皆準時下班

一般為週一～五08:00或08:30～17:00或17:30，有些機構週六08:30～12:00也上班。泰國人下班非常準時，即使是百貨公司的服務人員，只要下班時間一到，幾乎是全員往外湧，逛街要注意時間，可別耽誤了泰國人下班的時間噢！

- **政府機關**：週一～五08:30～16:30
- **銀行**：週一～五09:00～15:30，銀行外幣兌換為08:30～20:00
- **百貨公司**：10:00～22:00
- **一般商店**：08:30～21:00或22:00

泰國小檔案 13

銀行 | 市區、購物中心隨處可見

市區及大型購物中心均可找到銀行，匯兌處也是隨處可見。泰國銀行接受各種國際貨幣及新台幣。除了一般營業時間外，在高山路這樣的觀光區，也可找到銀行車，提供兌換貨幣及旅行支票的服務。

泰國小檔案 14

治安 | 大致上算良好

泰國治安大抵上還算安全，但南部及緬甸、柬埔寨邊境有時會有些軍事紛爭。若是要到這些地方，出發前最好先查詢當地最新情況。到緬甸或其他鄰國，一定要從官方規定的邊境口岸入境。

其他常見的是嘟嘟車問題或上酒吧被下迷藥的桃花劫！（請參見P.6「泰國行前Q&A」Q2）

應用泰文
指指點點

線上泰英字典：www.thai-language.com

■ 數字發音

泰文數字跟中文或福建話很像，因此對我們來講很簡單學，只要記住1、2、5、6、7這幾個數字的發音，其他數字都很類似。

阿拉伯數字	0	1	2	3	4	5	6	7	8	9	10	100	1000
泰文數字	๐	๑	๒	๓	๔	๕	๖	๗	๘	๙	๑๐	๑๐๐	๑๐๐๐
泰語名稱	ศูนย์	หนึ่ง	สอง	สาม	สี่	ห้า	หก	เจ็ด	แปด	เก้า	สิบ	ร้อย	พัน
發音	[sn]	[nùŋ]	[sč]	[sm]	[sì]	[hâ]	[hòk]	[tèt]	[pèt]	[kâw]	[sib]	[roy]	[pun]
對應音	損	卵(台)	聲(台)	三(台)	四(台)	哈	ㄏㄛ	節(台)	八(台)	九(台)	十(台)	來(台)	潘

■ 如何看懂泰文地址

323/2, Sukhumvit 55 (Thonglor) Rd.

號碼　　　蘇坤蔚路55巷(有些巷較大者，會有另外的路名，例如：這裡的Thonglor)

Khlongtannuea District, Watthana Province

小區名　　　　　　　　　　　　　　　　大區名

Bangkok 10110

城市　　　郵遞區號

■ 必備單字

你好 ใจกลางเมือง 三碗豬腳(台語)	直走 ใจกลางเมืองิ 通辦
謝謝 ใจกลางเมืองิ 扣本咖	不要 ใจกลางเมือง 咩凹
多少錢 ใจกลางเมือง 逃來咖	不是 ใจกลางเมือง 買釸

＊「你好」是「三碗豬(Sawadee)」，咖是女性使用的敬語，男性則改用Krup為尾語。

實境模擬

● 一進門跟店員說「三碗豬腳」(你好)，看到喜歡的就問「逃來咖？」(多少錢)

● 太貴就不用出價，直接說「扣本咖」(謝謝)。

● 若覺得價格不錯，就可繼續看。店員通常會在旁邊以為我們聽得懂泰文地介紹商品，一般是說有幾種顏色、有不同的size。這些話裡可能會夾雜著數字，店員也會同時指出有哪些顏色，我們就可以這麼猜猜看逛大街了。

● 另一個實用的情況是搭計程車，例如你要到蘇坤蔚路11巷，上車就可用泰文跟司機說到Sukhumvit Soi 11，裝出一副好像懂泰文的樣子。數字真的很有用，要學！

　　開口說不懂的語言，一點也不困難。將之當作是旅遊的樂趣，會發現你所得到的回應，很不一樣喔！下次旅遊泰國不妨試試看。

行前準備
Preparation

出發前，該做哪些準備？

泰國雖然是個自助旅行友善的國家，但出國前仍需做好辦理簽證、購買機票、
準備現金、打包行李等行前準備，讓我們先——準備好，到當地就可以盡情享
受假期了！

蒐集旅遊資訊

出發前若能先做點功課，抵達當地後對可能發生的情況較有心理準備，若有時間先看相關小說或電影，與當地的文化聯結也會較深。

豆知識

泰國相關書籍及電影

出發前若能先閱讀一些相關書籍或影片，會先跟泰國產生一些連結，實際到泰國時，能更快融入當地生活，也會對這塊土地及人民更有感情。

■《**海灘**》：李奧納多主演的經典電影

■《**安娜與國王**》：雖然也有電影版本，但看小說能更了解泰國皇室的點滴。

■《**愛在拜城、泰囧**》：近年知名的泰國電影。

■《**坤平與坤昌**》：泰國最為人知的民間故事，曾多次翻拍為戲劇，如《婉通夫人》。

■《**發現曼谷：城市的倒影**》：長居曼谷的作者，以其犀利的觀察，深入分享泰國文化。

■《**日落湄南河Koo Gum(螢愛)**》：泰國經典小說改編的電影，描述二戰期間日本軍官與一位泰國女孩的愛情故事。

紙本資訊

泰國觀光局、當地旅遊中心、地鐵捷運站皆可取得英、日文旅遊小冊。

泰國當地旅遊資訊

■**BK**：曼谷免費英文雜誌，每期都有不同的專題報導及最新旅館、餐廳、夜生活。

■**Bangkok 101**：曼谷專業旅遊期刊，各大旅館均可索取，除了新旅遊資訊外，也收錄詳細的經典旅遊訊息。

■**CityNow!**：清邁生活、旅遊最新情報。

■**漢**：清邁中文旅遊資訊雜誌。

■**中文報紙**：泰國世界日報，泰國當地主要中文媒體，報導各種政經、生活及旅遊資訊。

■**英文報紙**：Bangkok Post及The Nation英文報，

是泰國外籍人士的主要媒體。生活版常有許多有趣的專欄，涵蓋當地旅遊及生活時尚資訊，相當值得參考。

■**看見泰國Vision Thai中文新訊平台：**含當地商貿、旅遊、生活資訊。 🌐 visionthai.net

實用APP軟體

只要善用一些APP程式，便可讓旅程更輕鬆：

Google Map
iPhone **Android**
是大家最熟悉的免費網路地圖，可善用「規畫路線」的功能，將自己想去的路線詳細規畫出來。若到當地無法隨時上網，可在有網路的地方，先打開Google Map定位，之後即使在離線狀態，仍可跟著手上的導航路線輕鬆找到自己想去的地方。

Grab
iPhone **Android**
泰國當地計程車問題較多，可善用Grab Taxi叫車(Uber已全面退出東南亞市場)。

Bolt
iPhone **Android**
目前合法註冊的手機叫車APP有Grab與CABB，不過近年車資漲了許多，車也不好叫，新的Bolt、InDrive、Line Taxi車資較便宜，曼谷、清邁等大城市均在服務涵蓋範圍。

Muvimi
Android
嘟嘟車叫車軟體，比較不怕被敲竹槓或載到黑店。

Eatigo
iPhone **Android**
可購買餐飲優惠券，尤其適用於高級旅館自助餐。

KKday／Klook
iPhone **Android**
可線上訂購當地行程的台灣公司，除了電話卡、優惠門票、機場接送外，還有些獨家行程。香港中資的Klook客路也提供類似的服務。

Google Translate
iPhone **Android**
可翻譯各國語言，語言不通也不怕。

SuperRich
iPhone **Android**
泰國最著名的換匯公司提供的即時匯率查詢程式。

實用旅遊網站推薦

泰國官方網站
詳細旅遊文化資訊。
🌐 www.tattpe.org.tw

背包客棧及PTT泰國版
各種旅遊攻略、分享、討論。
🌐 www.backpackers.com.tw

泰友營
香港著名的泰國旅遊作者胡慧沖創立的資訊網站，提供最新資訊及按摩中心優惠券。
🌐 www.thailandfans.com

Twitter
如Richard Barrow每天都會推曼谷當地的各種資訊。
🌐 twitter.com/RichardBarrow

泰國瘋中文網
泰國新聞、在地資訊等各式各樣你想不到的資訊，這裡都挖得到。
🌐 www.crazythailand.com

易飛網、易遊網、足跡Zuji、Wego
國內著名的幾家旅遊網站，提供機票、旅館、租車預訂服務。可互相比價，也會不定期與不同旅館推出優惠特價。
🌐 www.ezfly.com、www.eztravel.com.tw
🌐 www.wego.tw

KKday／Klook
KKday網站上可快速了解泰國各城市有哪些熱門行程，並可直接訂購行程、優惠門票、SPA按摩優惠券、泰國電話卡、機場接駁等。
🌐 www.kkday.com/zh-tw
🌐 www.klook.com

開始著手
行程規畫

需要多少天

4天以上為佳：一般上班族只有4～5天假期，若只想按摩購物的話，曼谷定點旅遊是最佳選擇，每天逛逛街、按摩、下午茶及各種美食，享受休閒度假行程，或者再適當搭配1～2個郊區行程。

9天以上：可搭配曼谷＋離島或泰北或中部國家公園。

放鬆行程：可選擇濱海區或直飛離島，在海邊慵懶地躺幾天。直飛普吉島、蘇美島、喀比島，或飛到曼谷轉車到華欣或沙美島，都是相當輕鬆便利的度假方式。

親子或喜歡大自然：可考慮泰北的清邁、金三角，或湄宏順及拜城，這裡有各種叢林玩樂方式，這種旅遊約需7天的旅遊時間較充裕。

貼心 小提醒

出國前一定要知道的事！

　了解如何從機場、火車站或巴士站到旅館或背包客區的交通資訊。

　了解當地的安全陷阱及注意事項。

　查看當地地圖，了解住宿處靠近哪個重要地標及其方位。

　約略了解市區方位及市區交通方式。

　役男需先取得出國許可才可出國。

　泰國當地旺季(如潑水節、水燈節、新年)及國內寒暑假，請務必提早訂機票及住宿。

需要準備什麼

2個月前

□ 蒐集資料
□ 確定旅遊時間
□ 確定旅遊地點
□ 規畫行程

1個月前

□ 訂購機票
□ 預訂旅館
□ 辦理護照

2週前

□ 辦簽證及其他證件
□ 準備外幣、開通金融卡國際提款功能
□ 了解如何由機場到住宿地點(印出地圖)
□ 開通行動漫遊或購買泰國當地電話卡
□ 保險
□ 了解當地禁忌、文化、食物及用餐方式
□ 整理行李

1天前

□ 確認氣候
□ 確認隨身包是否放好錢幣、信用卡、金融卡、護照及簽證

搭機抵達泰國機場、享受旅程

適合哪一種旅遊方式

行前準備

全自助旅行	半自助自由行	參加旅行團
喜愛自由者	**想住高級旅館者**	**沒太多時間規畫者**
有自己想探訪的主題、不喜歡受拘束，可自由安排行程或不安排行程隨遇而安。	各航空公司均與各家中高級旅館合作，推出機票＋酒店自由行套裝行程，旅館的費用會較為便宜。有些套裝行程還包括接機並贈送市區交通卡、SPA按摩療程。	直接參加旅行社規畫的行程，是最便利的方式。
喜歡挑戰自我者	**想盡情購物或做SPA者**	**喜歡有安全感者**
全自助什麼都得自己來，若遇到突發情況也得自己處理，是培養獨立自主的好機會。	可以安排自己喜歡的行程，不需要跟著旅遊團所排定的時間趕行程。	覺得有車接送、有導遊帶比較有安全感，或希望透過導遊詳細了解當地文化者。
喜歡結交朋友者	**適合家庭旅遊**	**多人共遊者**
有較多機會認識同旅館的住客或參加當地行程認識各國自助旅行者。	適合帶家中長輩或親子旅遊者。	10人以上同遊者，請旅行社安排行程通常會比較便宜。

全自助旅行規畫表

步驟	規畫內容	完成(打勾)
Step1	**確定天數：**先確定有多少天假期。	
Step2	**收集資訊：**瀏覽泰國旅遊書、網路資訊，找出自己喜歡的旅遊地點，或者特別想參加的節慶(如潑水節、水燈節等)，再依照天數決定行程。	
Step3	**依天數及時節決定目的地：**少於4天者，可考慮選擇一個定點遊玩，如曼谷、海島、或清邁；7天以上者，可選擇曼谷＋海島、或曼谷＋泰北。另也可依平價航空路線選擇。	
Step4	**確定預算：**泰國住宿選擇多，從一晚350~25,000泰銖的頂級住宿都有，旅人可依據個人預算安排交通及住宿。	
Step5	**規畫詳細行程：**確定目的地、天數及預算後，便可著手規畫每一天的詳細行程。	
Step6	**預訂機票：**確定好日期後，進行機票比價。檢查護照是否6個月以上有效，否則須重辦。	
Step7	**準備證件、辦簽證：**準備好護照、照片，以便辦理簽證(停留時間在15天內也可直接抵達泰國機場辦落地簽)，另視個人需要辦國際駕照、青年旅館證、國際學生證等。	
Step8	**預訂住宿：**依照預算及想要的假期型態，預訂平價、頂級或者度假型旅館。若想結交當地朋友、省住宿費，可考慮當沙發客，或到當地當志工，也是另一種旅遊形態。	
Step9	**準備現金、信用卡、金融卡：**先換泰銖及美金(有些城市無法直接以台幣換泰銖)，以便抵達後搭車到市區使用。攜帶兩張信用卡及已開通國際提款功能的國內提款卡。	
Step10	**打包行李：**決定帶背包或行李箱，定點及購物旅遊可帶行李箱，會大量移動者，建議帶背包。注意別超重了，不需帶太多東西，到泰國通常會失心瘋大掃貨，幾近空箱最好。	
Step11	**保險：**出發前可向自己的保險公司或網路購買旅遊保險，機場也有保險公司服務台。	
Step12	**準備通訊設備：**開通國際漫遊(直接漫遊撥回台灣也不太貴)、下載LINE等免費通訊APP。或到當地再購買泰國Sim卡(建議購買含通話及上網功能的電話卡)。	
Step13	**機場搭機，出發囉！**	

半自助自由行規畫表

　　大部分航空公司所推出的行程為3天或5天行程，但這並不表示只能去3天或5天，通常機票的有效期間會達2週以上，除了行程中所包含的2晚或4晚旅館外，自己可另訂旅館延長行程，只要在機票有效期間以內(通常是14天)回國即可。

步驟	規畫內容	完成(打勾)
Step1	確定天數、目的地、預算	
Step2	訂購自由行機＋酒行程：瀏覽航空公司官網及旅行社網站進行行程比價。	
Step3	確定出發日期是否仍有機位	
Step4	瀏覽自己喜歡的旅館	
Step5	確定核算旅館費後的自由行總額	
Step6	確定訂購	
Step7	之後如同全自助旅行之準備步驟辦理護照、簽證、證件、錢、保險、打包行李等	

參加旅行團規畫表

步驟	規畫內容	完成(打勾)
Step1	**尋找較有信譽的旅行社**：泰國旅遊局網站上有各家合法的旅行社列在網站上，或可透過網站搜尋、朋友介紹，選擇2～3家旅行社。	
Step2	**依日期尋找自己喜歡的行程、比價**：了解各家旅行社所推的行程，以及自己可以出國的時間是否有出團，並進行比價。特別注意：有些旅行社的費用較低，有可能行程中會安排較多購物行程，或者住宿及餐飲品質較差，記得詢問清楚。	
Step3	**訂購行程、參加旅行社所辦理的行前會、辦護照及簽證**：有些旅行社會舉辦行前會，讓團員了解當地情況、注意事項、攜帶物品等。團遊行程通常包辦簽證及保險。	
Step4	**準備錢、打包行李**：準備錢、打包行李，即可準備出發。	

行家祕技　兩週前臨時決定出發怎麼辦

步驟	規畫內容	完成(打勾)
Step1	**簡單規畫行程**：確定最初抵達的目的地，其他行程可到當地再規畫。	
Step2	**訂機票**：確定日期後預訂機票，若沒有直飛票，也可考慮轉機票。	
Step3	**訂旅館或到當地再找**：可下載訂房APP，隨時可搜尋住宿即時預訂，或者直接到背包客區找旅館。	
Step4	**機場或網路換外幣**：抵達機場後換泰銖，建議攜帶台幣或主要國際貨幣到當地兌換。	
Step5	**抵達泰國機場辦理落地簽**：只要準備好有效護照(6個月以上有效)、照片、現金備查，即可辦理15天有效落地簽證。	

泰國經典旅遊路線

以下列出曼谷及清邁最經典的行程,可以此為參考基礎,依照個人喜好及主題調整。規畫行程時可善用Google Map的行程規畫功能,了解各點之間的實際距離、所需時間。

曼谷經典主題路線

■曼谷經典三天行程

規畫	行程內容
Day 1	昭披耶河、臥佛寺、暹邏博物館、鄭王爺廟、大皇宮、高山路、ICONSIAM河濱購物中心、中國城小吃
Day 2	金湯姆森泰絲博物館、水門市場、暹邏商圈、按摩、高空酒吧
Day 3	水上市集、洽圖洽週末市集

■曼谷享樂遊

規畫	行程內容
規畫建議	可選擇曼谷定點遊5天,多安排購物、按摩及美食行程,最好能夠跨週末,以便到洽圖洽週末市集、空叻瑪榮水上市集、或安帕瓦及鐵道市場。 若想享受濱海悠閒者,也可安排1~2個晚上到華欣或芭達雅、或沙美島。
住宿建議	可選擇住在交通便利及購物中心集中的蘇坤蔚路(Sukhumvit Rd.)附近。 河濱的高級旅館均有接駁船到捷運站,氣氛較為悠閒,也是相當理想的享樂住宿選擇。
Day 1 曼谷市區	抵達曼谷→旅館Check in→Siam區觀光購物(請參見P.150)→按摩→晚餐及高空酒吧
Day 2 市區購物 (週六或日)	洽圖洽週末市集(最好10:30抵達)→下午茶→高山路、中國城吃小吃
Day 3 曼谷古城遊	搭船遊大皇宮區→臥佛寺按摩→鄭王廟對面日落晚餐、ICONSIAM河濱購物中心
Day 4 貴婦生活	早上烹飪課程→河濱高級旅館下午茶→Siam商圈再掃貨
Day 5 悠閒打包	悠閒享用早餐或全套按摩→前往機場搭機回國

清邁經典主題路線

■ 清邁經典三天行程

規畫	行程內容
Day 1	古城廟宇、三王廟小吃、河濱餐廳、觀光夜市、夜間動物園
Day 2	郊區行程：叢林滑翔或大象學校、長頸族村，或茵它濃(Doi Intanon)登山行程、攀岩、單車之旅、高空彈跳，不想到郊區也可選擇烹飪課程或按摩、禪修課程
Day 3	松達寺、素帖寺、苗族村、皇室夏宮、尼曼路區、晚餐秀

■ 清邁樂活遊

規畫	行程內容
規畫建議	可選擇清邁定點遊5天，搭配郊區自然景點或樂活小鎮。
住宿建議	享樂遊可選擇清邁高級旅館，如黛蘭塔維及四季都擁有廣大的腹地，提供具當地特色又頂級的服務。清邁的消費比曼谷便宜很多，還有許多中價位及極富泰北風情的便宜民宿與青年旅館。
Day 1 市區探訪	抵達清邁→旅館Check in→清邁古城區觀光(請見P.164)→按摩→河濱晚餐
Day 2 市區購物 (週六或日)	週末創意市集JingJai Farmer's Market、雙龍寺、悟夢寺、No.39咖啡及藝術村、松達寺→週末夜市
Day 3 市郊深呼吸	當代美術館、寶桑區近郊觀光、或PLUTO.cnx網紅咖啡館＋夜間動物園
Day 4 享受生活	早上烹飪課程→古城或尼曼區小巷遊逛、購物中心、大型超市掃貨→晚餐秀
Day 5 悠閒打包	享用休閒早餐→前往機場搭機回國

主題旅遊規畫建議

■ 親子遊

規畫	行程內容
規畫建議	**曼谷**：可選擇海洋世界及杜喜動物園或郊區的Safari、搭船，或者郊區大象學校、安帕瓦看螢火蟲行程。 **清邁**：戶外活動很適合大小孩，如叢林滑翔、登山、大象志工、泛舟等。 **島嶼**：除了海上活動外，也有許多生態探險選擇，度假型旅館會舉辦各種親子活動。 **華欣**：度假環境優，有許多適合親子旅遊的濱海度假旅館。
住宿建議	有些旅館設有親子房，有些則有適合兒童的游泳池及休閒設備；也可考慮住在靠近捷運站或商場上面的中價位旅館；三代同遊則推薦兩房式公寓住宿。

■ 夏日海島遊

規畫	行程內容
規畫建議	時間較短者，可考慮直飛海島，如普吉島；想享受濱海樂趣，又不想離曼谷太遠者，可考慮芭達雅、華欣、沙美島。此外，昌島、蘇美島、喀比及PP島，也是相當熱門的海島度假勝地，這些海島需在曼谷轉其他交通工具，不妨安排最後一天住在曼谷，享受購物趣。
住宿建議	可選擇有私人沙灘的度假旅館，否則可選擇市區住宿，晚上方便逛夜市、商場。

■難忘回憶畢業遊

規畫	行程內容
規畫建議	可以海島為主，或者曼谷＋海島，或清邁叢林探險行程。
住宿建議	以平價的青年旅館為主，多人可包下一整間Dorm房。另可搭配一晚較具設計感的中價位旅館，體驗泰國設計風格及美好的服務與環境。

■商務偷閒遊

規畫	行程內容
規畫建議	商務行程後，晚上可到屋頂酒吧享用晚餐或小酌、安排放鬆的按摩療程，白天若有短暫的空擋，可請旅館代為安排當地導覽行程，有些旅館也會特別安排適合商務旅客的烹飪課程或文化行程。
住宿建議	可以交通便利、靠近商務區，或可放鬆的河濱區為主。

■老夫老妻慢慢遊

規畫	行程內容
規畫建議	緩慢生活的清邁、清萊等泰北城市非常適合退休生活，也可到此學習泰文、按摩，或禪修、料理。曼谷市區的大皇宮古城區、河濱區及附近的大城很適合年長者旅遊。市區行程也可安排搭船夜遊河，盡量避免尖峰時間移動，搭捷運人潮相當擁擠、搭計程車又會塞車。
住宿建議	曼谷可考慮河濱旅館，較為安靜悠閒；清邁整個城市無處不悠閒，各種住宿均很適合。

■醫療美容養生遊

規畫	行程內容
規畫建議	許多SPA中心除了按摩療程之外，也搭配養生或瘦身規畫套裝療程。近年更有許多高級醫院推出美容旅遊，搭配5星級的療養住宿及餐飲。
住宿建議	直接參加含住宿的醫療套裝行程、SPA Resort套裝療程，或者住在醫院附近的中價位旅館。

■高爾夫球度假趣

規畫	行程內容
規畫建議	泰國的果嶺費收費合理，新球場設備又極具水準，再加上各種完善的旅遊設施，是相當理想的高球度假地。曼谷附近的華欣是著名的高爾夫球地，許多旅館也會推出高爾夫球行程，打完球還可到濱海餐廳大啖海鮮。清邁也有多座高水準的高爾夫球場(包括百年老球場)，打完球可在此享受泰北獨特的風情。普吉島更是許多知名球賽的主辦地點，擁有無懈可擊的海島風情。距離曼谷市區約1小時的大城周邊也有好幾座高爾夫球場，打完球還可遊河到遺跡區看日落、品嘗大河蝦。
住宿建議	可入住有高爾夫球場或相關套裝行程的旅館。

■自然生態遊

規畫	行程內容
規畫建議	泰國共有96座國家公園、48個野生動物保護區，擁有豐富的生態，如：拷艾國家公園、泰北叢林、金三角、海洋國家公園、北碧的Erawan國家公園瀑布區。
住宿建議	清邁或泰北郊區有許多隱於林間的度假旅館，國家公園內也有小木屋或露營區。

■蜜月旅行浪漫遊

規畫	行程內容
規畫建議	各大高級旅館均可協助辦理泰式傳統或浪漫婚禮，許多海島度假別墅，更可幫新人辦理永難忘懷的婚禮或蜜月旅行。且相對來講，泰國的收費也較為合理，是奢華婚禮的理想選擇。
住宿建議	可盡情享受兩人世界的私人度假旅館。

旅行證件申辦準備

護照

▲ 新式晶片護照 (圖片提供／許志忠)

還沒有護照者，或護照有效期限少於6個月，護照無空白頁者，須先到外交部領事局辦理護照或加頁。

申請必備文件

☐ 普通護照申請書1份
☐ 2吋彩色白底、頭部3.6～3.2公分大小照片1張
　（6個月內近照）
☐ 舊護照者繳交尚有效期之舊護照
☐ 國民身分證正本及影本1份

護照這裡辦

外交部領事事務局(台北)
🌐 www.boca.gov.tw
✉ 台北市濟南路一段2之2號，中央聯合辦公大樓
　3～5樓
📞 (02)2343-2807～8
🕐 週一～五08:30～17:00，週三延長到20:00
　工作天：4個工作天
💲 新台幣1,300元，速件2,200元

台北以外地區
中部辦事處詢問電話：(04)2251-0799
雲嘉南辦事處詢問電話：(05)225-1567
南部辦事處詢問電話：(07)715-6600
東部辦事處詢問電話：(03)833-1041

＊以上資料時有異動，以官方最新公告為準。

簽證

台灣遊客入境須辦理簽證，可在出發前先送件到泰國貿易經濟辦事處辦理簽證，或者抵達泰國機場辦理15天有效落地簽證。

請注意 超過簽證有效期滯留泰國，出境時會依天數罰款，每天500泰銖，最高2萬泰銖。

一般觀光簽證、半年多次簽

出發前先送件到泰國貿易經濟辦事處辦理，單次觀光簽證費用為1,200元，有效期限3個月，以入境時海關所蓋的期限章算起60天有效，入境後可延期一次，現還有半年多次簽(台幣5,600元)。

申請必備文件

☐ 6個月以上有效護照　　☐ 國民身分證影本1份
☐ 2吋6個月內白底照片1張 ☐ 申請書

泰國觀光簽證這裡辦

泰國貿易經濟辦事處
🌐 www.tteo.org.tw
✉ 台北市大安區市民大道三段206號
📞 (02)2775-22119
🕐 2天工作天，09:00～11:30送件，隔天16:00～
　17:00領件
💲 新台幣1,200元
ℹ️ 下載簽證申請書或委託書：
　tteo.thaiembassy.org/th/page/visa-forms

＊以上資料時有異動，以官方最新公告為準。

委託辦理

中南部無法親送辦事處辦理簽證者，可委託旅行社辦理。如果幫朋友或朋友幫你辦泰國簽證，去辦的人自己也是申請人之一，就不需要寫委託書。如果辦的人不是申辦人之一，那就需要寫委託書，委託人要蓋章簽名、附上身分證正本。

貼心 小提醒

出國前先辦理的觀光簽證與落地簽證有何差別？

事先申請可停留60天，簽證費較便宜；落地簽證有效期僅15天，且費用為2,000泰銖。

落地簽證

停留時間若不超過15天，這是最便利的方式，直接抵達泰國入境口岸後，再辦理落地簽證。曼谷、普吉島、清邁、合艾、吞武里機場，以及馬來西亞、寮國、緬甸邊界五個關口均可辦理落地簽證。抵達機場後，依循「Visa On Arrival（落地簽證）」指標（有中文）到櫃檯辦理。

申請必備文件

☐ 6個月以上有效護照
☐ 15天內離境機票
☐ 申請書（現場提供，但建議先上網下載填寫好，較省時）
☐ 出入境表格（機上可取得或現場提供）
☐ 2吋6個月內白底照片1張
☐ 住宿證明（須備第一天訂房的紙本或電子文件，並填寫詳細地址）
☐ 每人10,000泰銖或每一家庭20,000泰銖（攜帶等值貨幣即可，通常不會檢查）
☐ 費用2,000元泰銖（不接受其他幣值，出關前的匯兌處匯率很差，無提款機，建議先換好2,000泰銖）

跨國簽證

若是入境泰國短期觀光，並在7天內會離開泰國，轉機到第三個國家者，可辦理較便宜的過境簽證或Re-entry Visa回頭簽。若回程想再停泰國者，可在入境口岸辦理落地簽證。

辦理過境簽證

須出發前到泰國經濟貿易辦事處辦理，除了一般簽證所需的文件外，需再準備到第三國的確認機票正本及影本1份、簽證費950元。

鄰國簽證

可在泰國當地的領事館辦理，有些國家也可辦落地簽證。寮國、柬埔寨、越南：須辦理觀光簽證或落地簽證；緬甸：須辦理短期入境許可（在曼谷辦速度較快，急件可當天下午領取）；馬來西亞（15天）、新加坡（30天）均為免簽證國家；越南可線上辦理落地簽證。

國際駕照這裡辦

若在泰國開車，須辦理國際駕照，並攜帶國內駕照出國以備查驗。
✉ **辦理地點**：全國各公路監理機關
💲 新台幣250元
ℹ **必備文件**：身分證、本國駕照正本、護照正本及影本或提供與護照相同的英文姓名及出生地點、6個月內近照2張

＊以上資料時有異動，以官方最新公告為準。

簽證表格填寫範例

注意事項

1. 照片必須是6個月的近照，不要拿很久以前照的舊照片，或與身分證、護照上同一張照片，簽證官會清楚知道這張照片不合格。

2. 英文姓名須與護照上相同。

3. 護照有效日期請參照護照首頁填寫。

4. 在泰期間住所：填寫一家住宿旅館名稱及地址。

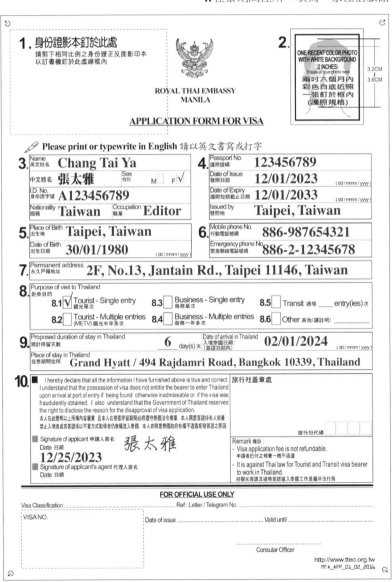

ROYAL THAI EMBASSY MANILA

APPLICATION FORM FOR VISA

1. 身份證影本釘於此處
   請剪下相同比例之身份證正反面影印本
   以訂書機釘於此虛線框內

2. ONE RECENT COLOR PHOTO WITH WHITE BACKGROUND (2 INCHES) Staple or glue photo here
   3.2CM / 3.6CM
   兩吋六個月內彩色白底近照一張釘於框內（護照規格）

✎ **Please print or typewrite in English** 請以英文書寫或打字

3. Name 英文姓名 **Chang Tai Ya**
   中文姓名 **張太雅**　Sex 性別 M F✓
   I.D. No. 身份證字號 **A123456789**
   Nationality 國籍 **Taiwan**　Occupation 職業 **Editor**

4. Passport No. 護照號碼 **123456789**
   Date of Issue 發照日期 **12/01/2023** (dd/mmm/yyyy)
   Date of Expiry 護照效期截止日期 **12/01/2033** (dd/mmm/yyyy)
   Issued by 發照地 **Taipei, Taiwan**

5. Place of Birth 出生地 **Taipei, Taiwan**
   Date of Birth 出生日期 **30/01/1980** (dd/mmm/yyyy)

6. Mobile phone No. 行動電話號碼 **886-987654321**
   Emergency phone No. 緊急聯絡電話號碼 **886-2-12345678**

7. Permanent address 永久戶籍地址 **2F, No.13, Jantain Rd., Taipei 11146, Taiwan**

8. Purpose of visit to Thailand 赴泰目的
   8.1 ✓ Tourist - Single entry 觀光單次
   8.2 Tourist - Multiple entries (METV) 觀光半年多次
   8.3 Business - Single entry 商務單次
   8.4 Business - Multiple entries 商務一年多次
   8.5 Transit 過境 ____ entry(ies) 次
   8.6 Other 其他(請註明)

9. Proposed duration of stay in Thailand 預計停留天數 **6** day(s) 天
   Date of arrival in Thailand 入境泰國日期：(簽證效期內) **02/01/2024** (dd/mmm/yyyy)
   Place of stay in Thailand 在泰期間住所 **Grand Hyatt / 494 Rajdamri Road, Bangkok 10339, Thailand**

10. ■ I hereby declare that all the information I have furnished above is true and correct. I understand that the possession of visa does not entitle the bearer to enter Thailand upon arrival at port of entry if being found otherwise inadmissible or if the visa was fraudulently obtained. I also understand that the Government of Thailand reserves the right to disclose the reason for the disapproval of visa application.
    本人在此聲明以上所填內容屬實 且本人在泰國停留期間必將遵守泰國之法令規章. 本人同意簽證持有人倘禁止入境或其簽證係以不當方式取得者依泰國入境不得不適當能發簽證之原因.
    ■ Signature of applicant 申請人簽名 **張太雅**
    Date 日期 **12/25/2023**
    ■ Signature of applicant's agent 代理人簽名
    Date 日期

    旅行社蓋章處

    旅行社代號

    Remark 備註：
    - Visa application fee is not refundable.
      申請者已付之視費一概不過還
    - It is against Thai law for Tourist and Transit visa bearer to work in Thailand.
      持觀光簽證及過境簽證進入泰國工作是屬非法行為

FOR OFFICIAL USE ONLY

Visa Classification ....　Ref : Letter / Telegram No. ....

VISA NO.

Date of issue ....　Valid until ....

Consular Officer

http://www.tteo.org.tw
MFA_APP_01_02_2016

機票與航空公司

如何選擇航空公司

　　由桃園機場出發的選擇較多，直飛班機及平價航空多由此出發；高雄直飛曼谷有中華航空與泰國微笑航空、台中直飛有泰越捷航空，其他需在香港、澳門轉機。若不介意花時間轉機，轉機票常有14天促銷票。若想順道玩第三地者，也可選搭越南航空，在胡志明市或河內轉機時，去程或回程可進越南觀光（需另加機場稅及辦理簽證）。

如何訂機票最划算

- **依艙等**：最便宜的為經濟艙，再者為商務艙及頭等艙。差異在於：座位、空間、行李限重、機場貴賓室使用、機上服務等級。
- **短期促銷票**：航空公司常推出14天內的促銷票，這種票較便宜，但限制多，如：不可更改日期、不可更改航程、不可轉讓、不可退票。
- **機＋酒**：搭配當地旅館的機票，高級旅館的費用會比較便宜，通常也會加贈市區交通卡、按摩或接送等服務。
- **湊團票**：10～15人可向旅行社購買較便宜的團體票，所有人都要搭同班機出發及回國。
- **轉機票**：通常需在香港、澳門等第三地轉機，機票會比較便宜，但轉機至少需要2小時以上。

請注意 暑假、寒假、春節等長假是國內的旅遊旺季，票價會比較貴，且需事先預訂。

如何比價

　　可善用Google Flights、Skyscanner這類的機票比價網站或軟體，或向自己熟悉的旅行社詢價，最後記得再到航空公司官網比價，有時會推出優惠促銷方案或套裝行程。

比價時需考慮的條件

- **航班時間**：有些雖較便宜，但可能是晚班機抵達或早班機離境，等於浪費一天的時間。太早離境需要一大早起床趕飛機，晚班機抵達者，最好訂較方便到達的住宿。
- **直飛或轉機**：想節省時間搭直飛班機，還是多花點時間轉機購買較便宜的機票？
- **轉機時間銜接**：若需轉搭其他交通工具到其他城市者，也要考慮班機抵達時間是否有足夠的時間銜接得上，機場出境、拿行李、抵達市區至少約需1～1.5小時。
- **偏愛的航空公司**：自己是否有比較偏愛的航空公司，或者想搭固定航空以便累積里程數。

平價機票航空公司

目前台灣飛曼谷DMK機場的平價航空有虎航、泰國亞洲航空、泰國獅航，及飛蘇萬納普機場的泰越捷航空，清邁直飛新增了亞洲航空，其他城市及南部島嶼則須轉機。例如可訂泰國亞洲航空的早班飛機，中午抵達曼谷，轉搭下午的泰國亞洲航空前往清邁或清萊、普吉島、蘇美島。

平價機票使用說明

- **每天價格不一**：平價機票每天的價錢都不一樣，通常假日的價錢會較高。
- **只能網路訂票**：只接受網路訂票，需線上刷卡購買電子機票。
- **預訂更便宜**：一般免費行李限重是7公斤的隨身行李，行李較大者需另加購行李，預訂會比到當場加購便宜很多。

- **需另購餐飲及自備禦寒用品**：訂購機票時，同時加購餐點較便宜，熱食選擇也較多；不提供毯子及枕頭，記得自備外套或大圍巾。

行家祕技 沒有直達班機怎麼辦

例如你想到蘇美島，但台灣沒有直飛班機，那也不擔心，有些航空公司有合作的航班轉到其他城市，這種方式雖然可能較貴一點，但最為省時，且行李可以直掛到最後的目的地。

否則也可自己另外訂購當地的航空或其他交通工具。例如曼谷到清邁，可訂亞洲航空等其他航空公司的機票，或者搭火車、巴士到清邁。這種方式須先將行李領出，再到國內航廈辦理登機，或者到市區的火車站或巴士站搭車。

若選擇搭飛機，要注意有些平價航空的起飛機場與國際航空班機不同，須搭車到另一個機場。例如：幾乎所有平價航空現在都已經停靠在曼谷的廊曼機場，與主要國際機場蘇萬納普國際機場相差1小時的車程，若是轉機機場不同，須預留足夠的交通與辦理登機的時間。

平價航空公司	特色	時刻表
虎航Tiger Air www.tigerair.com	椅距離不是特別寬，但椅子舒適好睡；晚去晚回班機。	台北飛曼谷為下午班機、傍晚抵達，曼谷飛台北班機為晚上起飛、半夜抵達。
泰國亞洲航空	傍晚到、早上回。	每天一班，台北中午出發，傍晚抵達；回程則是清晨，中午抵達。
獅航 Thai Lion Air	常有促銷活動。	台北飛曼谷為早上班機、中午抵達，曼谷飛台北班機為凌晨班機、早上抵達。
泰越捷 Vietjet	經常可以買到超值的機票。	台北飛曼谷蘇萬納普機場為下午班機、傍晚抵達，曼谷飛台北為早上班機、下午抵達。

※ 資料時有異動，請以官方公布的最新資料為主

如何在網路上訂機票

Step 1 上網搜尋機票

上Google Flights、Skyscanner、易飛網、易遊網及國內各大旅遊網站、航空公司官方網站搜尋機票。

Step 2 選擇出發地及目的地

填選出發地機場及目的地機場。

Step 3 選擇去程及回程日期

搜尋是否仍有空位及價錢(加上稅及燃料費的總價)。

Step 4 點選人數

選擇預訂人數。

Step 5 搜尋想搭乘的航班

網站會列出所有航班資訊。

Step 6 選擇想搭乘的航班

依時間、票價(含稅)、艙等選擇適合的班機。

Step 7 確認機票

選好後,看清機票限制(如更改日期費用、行李限重等),沒問題即可確認預訂。

Step 8 填寫個人資料

填寫訂機票者及同行者資料,英文姓名須與護照相同,若有任何錯誤,到機場改票需另外付費。

Step 9 收取訂位確認函

訂完票後記得到電子信箱收取確認函,核對訂位姓名、日期、人數、金額。

Step 10 付費開票

在開票截止日期前完成付費程序,可選擇線上刷卡。

Step 11 列印電子機票

現在幾乎都是電子機票,開票後即可以電子郵件或信函、傳真方式收到電子機票。記得再次核對英文姓名、日期是否正確。無誤後印出機票或存到智慧型裝置中。

Step 12 事先上網劃位

先劃位,以免無法跟同伴坐在一起(廉航選位需另外付費)。並可先掛好行李,到機場只要到專辦櫃檯或電子自助登機台辦理登機手續。

貼心 小提醒

信用卡付費注意事項

若在泰國當地需使用台灣信用卡刷卡訂購機票,需要輸入信用卡交易密碼,此密碼應該是傳送簡訊到該信用卡綁定的台灣手機號碼。若手機已換為當地電話卡,可在有Wi-Fi的地方,像是旅館內,先換回台灣電話卡,再連接上當地Wi-Fi訂購機票,以便接收刷卡的密碼簡訊。

圖片提供／許志忠

信用卡、泰銖、新台幣、少額美金,該帶哪些貨幣呢?建議攜帶約5,000泰銖現金＋旅途中花用的新台幣(帶新台幣到泰國換泰銖最划算,以一天約花費2,000元來估算)＋信用卡2張＋已開通海外提款功能的金融卡2張＋至少100美金備用(有些小城市無法以新台幣換匯)。

貼心 小提醒

匯兌與支付

出國前可先至銀行換泰銖,或透過網路銀行購買外幣,再至機場銀行櫃檯領取外幣(若直接在國內機場的銀行櫃檯換匯,每筆需另外支付100元手續費)。旅行途中把握以下付費原則:

- **大筆費用:**信用卡付費
- **小筆費用:**現金付費
- **錢不夠用:**以金融卡在當地ATM提款

匯兌現金

1台幣約等於1泰銖,可直接把當地的價錢當成台幣看,可先上網查詢匯率。

🌐 www.taiwanrate.org

當地匯兌

新台幣、美金或其他國際貨幣均可在泰國兌換泰銖,泰國觀光業蓬勃,因此市區隨處可見私人匯兌處。私人匯兌處的匯率最好,機場的匯率最差(未出海關的匯兌處匯率稍微比領行李出海關後的匯率好一點點),銀行的匯率也不是非常好,兌換前請先確認金額。夜晚在高山路等觀光客較多的區域,也可看到銀行所設的流動車匯兌處。

泰國較知名的私人匯兌所為SuperRich,但若兌換金額不多,也不需要特地搭車過去,若加上車費,差額並不大。

■ 實用APP軟體

推薦APP	說明
	SUPERRICH iPhone Android 當地最火紅的匯兌處SuperRich也推出自動換匯程式

網路購買外幣

台灣、兆豐等銀行現在接受24小時網路購買外幣及旅行支票,並可指定機場或任何分行領取外幣。除了免手續費外,還常推出匯率優惠、旅行支票手續費減免優惠,或贈送國際電話卡等。

銀行資訊這裡查

台灣銀行	兆豐銀行
🌐 www.bot.com.tw	🌐 www.megabank.com.tw

＊以上資料時有異動,以官方最新公告為準。

行前準備

台灣銀行網路購買外幣步驟

Step 1

至Easy購外幣現鈔系統網站(fctc.bot.com.tw/Purchase)，點選「馬上申購」

Step 2

選擇幣別及提領地點

Step 3

選擇面額及張數，建議各種面額都兌換

Step 4

確認服務說明暨約定事項

Step 5

填寫個人資料、提領日期與繳款方式

Step 6

完成交易

旅行支票

旅行支票是較安全的貨幣，使用前須再簽名才有效，若遺失也可直接在當地補發。不過在泰國，旅行支票均需要換成泰銖才能使用，每次換都需支付高額手續費，基本上並不是非常實用。若求安心，可購買小額以備不時之需。

信用卡

路邊攤、小吃攤或小餐館、小民宿、小商店，一般不接受信用卡，中等以上的SPA中心、餐廳、旅館、百貨商場均接受信用卡。然而在泰國使用信用卡有被盜刷的潛在風險，建議使用把關較為嚴謹的信用卡公司，若偵測到任何風險，當你回國後就會自動通知換新卡。

貼心 小提醒

網路購買外幣小提醒

請於繳款期限前完成轉帳繳款。

攜帶身分證件或護照到指定分行提領。

一般領取時間為完成交易次日～7個營業日內。

機場內的台灣銀行ATM也可直接提領美元及日圓等外幣。

出國前記得投保

國內健保會給付國外緊急就醫醫療費用，在國外就醫時記得向醫院索取醫療費用收據正本、費用明細及診斷書，並應於就醫後6個月內提出申請核退醫療費用。不過健保屬補貼性質，建議出國前可向自己的保險公司加保旅遊險，或者直接在機場的保險公司櫃檯加保。保險費用依加保項目及天數而定。

跨國提款

出國前先到銀行開通海外提款功能，ATM提款是最便利且划算的方式，雖然泰國ATM跨國提款每筆要收取220泰銖手續費，匯率以當天匯率計算。一般來講匯率會比當地的匯兌處好一點，因此換算下來並不會太差，而且一到當地機場即可提領當地貨幣。

若是ATM自動提款機上貼有任何一個與你的提款卡背面相同的標章，就表示你的提款卡可在該提款機提款。現在幾乎所有的提款機均接受國際提款卡，便利性相當高。

國際提款標章看這裡

國際提款需辦理哪些手續

■ **到銀行開通提款功能**：到銀行開通國際提款功能，之後到全球各地均可提款。

■ **設定4位磁條密碼**：國外提款機大部分仍使用4位磁條密碼，與國內的6位晶片密碼不同，需另外設定。

請注意 持國際銀行的金融卡者（如：花旗及匯豐這類的銀行），有些銀行提供在當地分行提款免手續費的優惠，出國前可先詢問銀行。

行家祕技　ATM自動提款步驟

1 Step　插入卡片

2 Step　選擇語言

3 Step　選按Withdraw提款

4 Step　選擇金額

5 Step　按OK確認手續費訊息

6 Step　是否需要收據(Receipt)，可按Yes以備查

7 Step　拿出提款卡，領取現金

▲ 機場內都可找到ATM自動提款機

旅行預算怎麼抓

■ **基本費用**：行前須先支付的費用包括機票、簽證費及旅館費，到當地則需交通、飲食、按摩、購物費用、景點門票及行程或看秀費用。

■ **住宿費用**：依自己想住的等級抓預算，高級旅館雙人房一晚約5,000泰銖以上，中價位旅館約2,000～4,500泰銖，經濟型旅館約600～2,000泰銖，青年旅館一個床位約250泰銖以上（曼谷約350泰銖以上）。

■ **飲食費用**：路邊攤約40～100泰銖、美食街約60～200泰銖、餐廳約250～600泰銖。

■ **按摩費用**：平價按摩約350泰銖、中價位按摩約600～1,800泰銖、高級按摩約2,500泰銖以上。

■ **當地景點門票及行程或看秀費用**：行程約2,000泰銖，秀約1,000泰銖。

每人一日基本費用(以中價旅館爲例)

項目	費用	說明	我的預算
住宿費	800泰銖		
交通費	200泰銖		
飲食費	500泰銖	簡單飲食大約350泰銖	
一天基本預算	1,500泰銖		

五天四夜行程總預算範例

項目	費用	說明	我的預算
機票費	15,000泰銖	平價航空可控制在10,000泰銖以下	
基本花費	6,000泰銖		
3次按摩	2,000泰銖	不同等級各一次，若全都是便宜按摩約1,000泰銖	
看2次表演費	2,500泰銖	不看表演可刪除此預算	
購物	5,000泰銖	依個人預算	
總預算	30,500泰銖	預算緊一點約25,000，若搭平價航空可控制在2萬多	

打包行李
準備出發

哪種行李箱最方便

- **行李箱**：適合定點旅遊，會大量購物者。
- **大背包**：適合會大量移動者，行動較爲便利。
- **小背包**：若要到附近城市短程旅遊，可將大行李寄放在原本投宿的旅館，以小背包帶盥洗用品即可。重要物品不建議放在後背包中，尤其在人潮擁擠的捷運或市集。
- **斜肩隨身包**：隨身攜帶貴重物品、手機、水，最好選用斜肩包較爲安全，且方便拿取手機。若要攜帶相機包者，建議選購中型相機包，除了放相機外，仍可放水、錢包、手機，當隨身包使用。
- **可收折的備用袋**：一個可收折的備用袋，以防買太多東西，託運行李超重，可將部分物品放在備用袋中帶上機。

♥ 貼心 小提醒

衣著提醒

- 2件棉T(或洋裝)：無袖或過短的褲、裙，不可進入大皇宮這類的皇室景點。
- 1套適合上高級餐廳或酒吧的服飾、鞋子：如不易皺的洋裝或襯衫。
- 1雙好走的鞋子：雨季不要穿太好的鞋子，最好具防水效果。
- 1件方便攜帶的小外套或薄絲巾：商場、捷運、機上空調較強。

必備物品

- **2天份個人衣物用品**：泰國商品具設計感，很難不買。建議行李帶少些，多留空間帶戰利品回國。
- **個人慣用藥品**：腹瀉、感冒藥(當地藥局也可購買)。
- **充電設備**：可攜帶含USB介面的萬國通用插頭。
- **防雨、防曬用品**
- **智慧型手機**：先儲存下載APP、電子機票檔案、電子旅遊書。

▲ 這種USB充電插座最實用，可充手機及各種智慧型裝置

行家祕技　行李超重怎麼辦

經濟艙行李限重爲20公斤。旅館房內或櫃檯通常可提供體重機，記得到機場前先秤行李重量，以免到機場後過重需付超重費。

若超過行李限重，可將較重、不違規的物品放在手提行李帶上機。但要記住手提行李通常只能攜帶一個，最多可帶一個小隨身包及一個不超過7公斤的小行李。

可帶上機的手提行李規格爲：50×35×25公分(依航空公司而異)，平價飛機嚴格執行只能攜帶一個手提行李，及一個小隨身包。

打包行李有訣竅

- **依類別分裝：**建議將物品依類別或日期分裝在小袋中，使用時，可將整包小袋拿出取用，物品就不會隨處散亂難以整理。
- **託運行李：**不重要的物品，如衣服、盥洗用品、鞋子、電器用品、尖銳物品放託運行李中。
- **隨身包：**護照、錢包、手機、護唇膏、旅遊書。

請注意 現航空法對液態物品規定嚴格，建議放託運行李，免除不必要的麻煩。

出國必帶：現金、信用▶
卡、金融卡、護照、護照規格大頭照、國際駕照(欲租車者)

貼心 小提醒

入出境泰國，通關管制物品須知

酒類：不可超過1公升。

菸類：香菸不超過200根，雪茄、菸草不超過500公克(混合攜帶總重量不得超過500公克，例如一般香菸＋雪茄＋菸草等)。沒有抽完的菸，如果要攜帶出境，菸盒上面的稅條要原封不動，沒有撕毀。菸類超過500公克且沒有稅條者，每條罰款4,675泰銖。

貨幣：入境泰國沒有金額限制，出境則不得超過5萬泰銖。攜往緬甸、寮國、柬埔寨、馬來西亞、越南，不得超過50萬泰銖。攜帶任何外幣入出境泰國，總共超過2萬美元則必須申報。

同一團體如有購買香菸或酒，請各自購買取得收據，且應各自攜帶入出航廈。

動、植物，或者受保護的古董，均不可帶出關，除非有合法證明文件備查。

行李檢查表

大行李箱	物品
	簽證及護照影本
	兩件舒服、透氣的上衣
	一件褲子(或裙子)
	一套正式服飾
	一雙好走路的鞋子，一雙正式的鞋子
	盥洗用品
	防蚊液、防蚊藥品、感冒、腹瀉藥
	少量備用現金
	雨具
	隱形眼鏡用品及眼鏡
	防曬及遮陽用品
	3C用品充電器、電池、記憶卡
	轉換接頭(現泰國當地多為萬國通用插座)
	行李鎖
隨身包	**物品**
	護照、相片X4
	電子機票影本(或儲存於智慧型裝置)
	現金(泰銖、新台幣、美金)
	信用卡2張
	提款卡1～2張
	筆、手機、行動電源(鋰電池不可託運)
	旅遊書
	小外套或圍巾
	個人慣用藥品

可在當地購買的物品

小包衛生紙、濕紙巾、衛生棉、內衣褲、雨傘或便利雨衣、小瓶裝盥洗用品、防曬用品、防蚊液及藥品

注意事項

100ml以上的液體，如水、化妝水、乳液等，不可放在手提行李(所有液體加總不得超過1,000ml)。尖銳及危險物品不可帶上機，如刀片、任何尖頭物品、打火機等，且鋰電池不可放在託運行李

＊搭機當天盡量穿著較為舒適的服飾，如長裙對女性來講是相當好的選擇。

機場篇
Airport

抵達機場後，如何順利入出境？

終於等到你，準備飛往開闊的藍天了。抵達機場後，要怎麼辦理登機手續？
機場有什麼設施？有什麼行前準備可以直接在機場辦理的呢？

準備登機前往泰國

怎麼從國內搭機、抵達泰國後又該如何出境呢？讓我們繼續看下去！

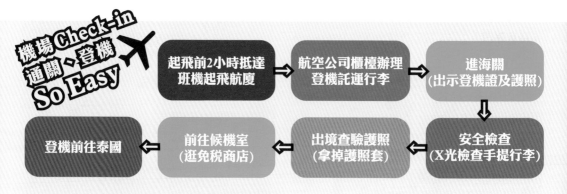

機場Check-in
通關、登機
So Easy

起飛前2小時抵達 → 航空公司櫃檯辦理 → 進海關
班機起飛航廈　　　登機託運行李　　　(出示登機證及護照)

登機前往泰國 ← 前往候機室 ← 出境查驗護照 ← 安全檢查
　　　　　　　(逛免稅商店)　(拿掉護照套)　(X光檢查手提行李)

如何抵達桃園機場

從台北出發

桃園機場捷運已通車，也可以搭乘客運巴士及計程車。

- **自行開車**：機場內的停車場，進場未滿30分鐘免費，一般房車第一小時30元，之後每半小時20元，每日最高490元。附近還有多座私人及公家停車場，費用較為便宜。以信用卡刷卡購買機票的短期旅遊者，可將車子停在合作的停車場，或者預訂接送車。
- **搭計程車**：按錶計費，另加15%，高速公路通行費另計。台北到桃園機場費用約1,200元。
- **搭客運巴士**：有多家客運公司往返機場，停

靠台北車站、松山機場、南港展覽館、台北市。國光客運、大有巴士、長榮巴士，車程約1～1.5小時。另有到板橋、新店、桃園、中壢、台中、新竹的班車。

從中南部出發

- **搭高鐵**：這是最便捷的方式。搭華航及長榮航空或其聯飛班機者，還可直接在桃園高鐵站內櫃檯辦理登機手續，託運大件行李，之後只需拿手提行李搭接駁巴士到桃園機場。由桃園高鐵站搭巴士到機場約20分鐘車程，尖峰時間每5～10分鐘一班車，全票30元，半票15元（24小時免付費專線：0800-241560）。
- **搭客運巴士**：由台中到桃園機場約2小時10分鐘，客運公司包括國光號及統聯客運。

如何抵達高雄機場

彰化、斗六、嘉義、台南均可搭台鐵、高鐵或客運到高雄站或左營站,轉搭捷運到高雄國際機場站,由捷運6號出口即可抵達國際航廈。

- **自行開車:**停車場未滿30分鐘免費,第一小時30元,之後每半小時15元。
- **搭計程車:**按錶計費,由國際線航線搭乘者另加50元服務費,行李箱另加10元。
- **搭客運巴士:**可直接搭高雄捷運到小港站,這是最便捷的交通工具。

機場資訊這裡查

桃園國際機場
http www.taoyuan-airport.com / ☎ (03)273-5081

高雄國際機場
http www.kia.gov.tw / ☎ (07)805-7631

＊以上資料時有異動,以官方最新公告為準。

貼心 小提醒

搭機提醒

☐ 出發前請先確認正確航廈、班機是否有延遲或取消的狀況。

☐ 每瓶攜上機的液體不可超過100ml,總量不可超過1,000ml,均須放在透明夾鏈袋中。

離開台灣,出境步驟

Step 1 起飛前2小時抵達班機起飛航廈
(出發前先確定航廈)

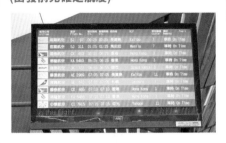

Step 2 尋找登機櫃檯

Step 3 辦理登機及託運行李

Step 4 辦理保險或換外幣

Step ⑤ 出境過海關(出示登機證)

Step ⑥ X光檢查手提行李

Step ⑦ 出境檢查護照

Step ⑧ 前往登機門候機(逛免稅商店)

Step ⑨ 登機

行家祕技　快速登機免排隊

　　除了可以到一般登機櫃檯辦理外，也可到航空公司設置的自助報到櫃檯辦理，免除排隊等候。目前除了部分廉航外，各大航空幾乎均已提供自助報到服務，只要下載航空公司的手機APP，送出訂位資訊，即可收到電子登機證。若需託運行李，也可直接由自助報到機列印行李條碼。

1 Step 確認訂位航班：放入護照掃瞄，或輸入電子機票編號，機器自動搜尋航班資料。

2 Step 選擇座位：自行選擇你要坐的位置。

3 Step 列印登機證：從登機證取出口取得你的登機證。

4 Step 行李託運：由機器列印行李條，或前往指定行李託運櫃檯託運行李後，即完成登機手續。

行家祕技

善用機場服務

換鈔匯兌

還沒換匯者,可以在機場換匯櫃檯辦理,機場大廳設有郵局及銀行匯兌處,每次手續費100元。如台灣銀行、兆豐銀行。

保險

機場內有各大保險公司櫃檯,承辦旅遊險,費用依天數算,營業時間05:30～22:30。購買機票盡量使用台灣發行的信用卡,均已為消費者保旅遊平安險。

購物

機場內的化妝品及菸酒一向是最熱門的免稅商品,價格跟飛機上的差不多。也可以買到一些台灣特色禮品,如台灣茶、故宮紀念品(高雄機場為國立歷史博物館),是最佳伴手禮。

圖片提供/許志忠

 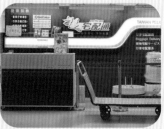 

上網

機場內有Airport Free Wifi及iTaiwan免費無線網路。

行李寄放、宅配

機場內有宅配服務及行李寄放,不需提重行李搭車回家了。現也可提前請宅配到家收行李寄到機場。

餐飲服務

機場B1的美食廣場有個家台灣知名美食,如大家熟知的小南門、度小月、春水堂等,另也有便利商店。

資料辦理

超重或機票資料錯誤須到航空公司櫃檯辦理。

電信服務

機場內可找到中華電信、遠傳、台灣大哥大、行動觀光服務(高雄機場只有中華電信),辦理國際漫遊服務及購買國際電話卡。

認識泰國國際機場

泰國共有6座國際機場，分別為曼谷蘇萬納普機場、曼谷廊曼機場、清邁機場、清萊機場、合艾機場(HDY)及普吉機場。除了曼谷蘇萬納普機場規模較大外，其他機場都很小，幾乎是一眼望盡，不需太過擔心。

■**搭乘國內線請到Domestic國內航廈搭乘**：國內航廈與國際航廈之間設有便利商店。

■**明亮、寬敞、占地廣大的蘇萬納普機場**：由於機場內相當廣大，免稅商店的分布點也很多，有些登機口離主要通道相當遠，需要特別注意前往登機口搭機的時間，以免忙著購物而趕不上登機。

機場篇

重要機場介紹

重要機場	機場介紹
蘇萬納普機場(BKK) Suvarnabhumi Airport ท่าอากาศยานสุวรรณภูมิ	是國際航班起降的主要國際機場(位於市區南部)，建築漂亮，設備也相當齊備。 機場到市區約30公里、30～50分鐘車程，現有機場捷運，50分鐘車程。
廊曼國際機場(DMK) Don Mueang International Airport ท่าอากาศยานดอนเมือง	位於市區北部的舊機場，現改為所有平價航空，如Air Asia亞洲航空、虎航、獅航、酷鳥航等平價航空的起降機場，以疏散蘇萬納普(Suvarnabhumi)機場的流量。 由機場到市區約24公里、40分鐘車程。
清邁國際機場(CNX) Chiang Mai International Airport ท่าอากาศยานเชียงใหม่	清邁雖是泰國第二大城市，但機場規模很小。國際航線包括飛往台北、吉隆坡、澳門、曼德勒、金邊、首爾、寮國、新加坡，國內航線包括：曼谷、普吉島、清萊、蘇美島、素可泰、拜城等。 由機場到市區約4公里、20分鐘車程。
清萊國際機場(CEI) Mae Fah Luang-Chiang Rai International Airport ท่าอากาศยานเชียงราย	小小的機場，主要提供曼谷、普吉島及合艾的航線。 由機場到市區約8公里、20分鐘車程。
普吉國際機場(HKT) Phuket International Airport ท่าอากาศยานนานาชาติภูเก็ต	泰國第二繁忙的機場，提供曼谷、清邁、杜拜、新加坡、馬來西亞、香港、芭達雅、清萊、孔敬、烏隆、蘇美、合艾及澳洲的航線。 由機場到芭東約35公里、50分鐘車程。
蘇美機場(USM) Samui International Airport ท่าอากาศยานนานาชาติสมุย	度假村般的精品級機場，提供曼谷、清邁、普吉、香港、喀比、吉隆坡、新加坡的航線。 由機場到市區約2公里，到Bo Phu漁夫村約15分鐘車程。
素可泰機場(THS) Sukhothai Airport ท่าอากาศยาน สุโขทัย	度假村般的機場，主要為曼谷航空的曼谷航線。 距離市區約27公里，車程約30～40分鐘。

＊注意：若抵達當天就要轉搭其他國內航空到其他城市者，要注意看班機是否在同一個機場，曼谷兩個機場之間約需1小時車程。有免費接駁車，05:00～24:00，每小時一班車。廊曼機場在5號出口，蘇萬納普機場在2樓3號出口搭乘。 http www.suvarnabhumiairport.com。

如何順利入出境

抵達泰國
通關領行李
So Easy

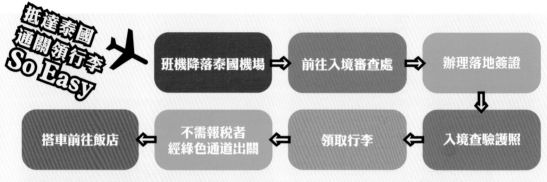

班機降落泰國機場 ➡ 前往入境審查處 ➡ 辦理落地簽證 ⬇

搭車前往飯店 ⬅ 不需報稅者 經綠色通道出關 ⬅ 領取行李 ⬅ 入境查驗護照

抵達泰國，入境步驟

Step 1 下機前往入境審查處

跟著指標走

Step 3 入境審查處檢查護照、簽證

Step 2 辦理落地簽證(未事先辦簽證者)

Step 4 確定行李檯，領取行李

行李檯編號看這裡

航班資訊看這裡

Step 5 不需報稅者經綠色通道出關

不用報稅請走綠色通道

Step 6 購買電話卡
(True、Dtac、或AIS電信公司櫃檯)

Step 7 依照捷運、巴士、計程車搭乘標示前往搭車、租車

要搭捷運前往市區，請跟著指標前進

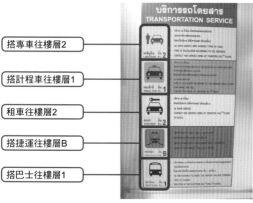

搭專車往樓層2

搭計程車往樓層1

租車往樓層2

搭捷運往樓層B

搭巴士往樓層1

離開泰國，出境步驟

Step 1 抵達機場

Step 2 大廳查看登機櫃檯號碼

Step 3 需退稅者準備好退稅物品，前往海關處(Custom)蓋章

Step 4 前往登機櫃檯辦理登機、託運行李(出示電子機票、護照)

Step 5 出境過海關(出示登機證、護照)

Step 6 X光檢查手提行李(須將電腦拿出)

Step 7 前往Tax Refund服務台辦理現金或信用卡退稅

Step 8 前往登機門候機(逛免稅商店)

如何轉機至其他國家

若需由曼谷機場直接轉機到其他城市，步驟如下：

Step 1 下機後依循「Transfer轉機」標示前行

Step 2 轉機櫃檯辦理登機，已有轉機登機證者，直接前往登機門

登機門編號看這裡

貼心 小提醒

泰國機場搭機小提醒

曼谷機場非常繁忙，辦理登機、隨身行李安全檢查、出境海關檢查護照，這三個點都會大排長龍，請務必提早抵達機場，特別是還需辦理退稅者。

曼谷及泰國大部份機場內的標示均有中文。

搭乘曼谷航空轉國內班機者，無論艙等，均可出示登機證進入貴賓室免費享用小餐飲及無線網路。

曼谷機場很大，記得注意時間及距離，一定要在登機時間前10分鐘到登機門候機。

若由其他航空轉搭平價航空，需先領行李、出關，再到國內航廈或者平價航空起降的廊曼機場搭機，並須重新辦理登機手續及託運行李、入關候機。

如何從機場往返市區

搭機場捷運SARL

衛接蘇萬納普機場與曼谷市區的SARL線（Suvarnabhumi Airport Rail Link），全線共8站：

■ **Makkasan站**：前往Nana、Asok、Phrom Phong站以南者，可搭到Makkasan站下車，沿天橋走到MRT站搭到下一站Sukhumvit站，就可上樓到Asok站（Terminal 21商場）轉搭BTS Sukhumvit線。

■ **Rajaprarop站**：前往水門區、Chit Lom四面佛商圈者，可搭到這一站。但往四面佛方向只能搭公車，搭計程車得繞路，尖峰時間不建議在此轉搭車。

■ **Phaya Thai**：終站，可轉搭BTS Sukhumvit線到Siam站，Phaya Thai周區步行範圍內，也有多中低價位住宿。

http www.srtet.co.th

廊曼機場到市區

可搭計程車（約200～250泰銖另加高速公路過路費）或搭公車到Mo Chit捷運站轉搭捷運。

■ 在6號門外搭A1機場巴士，車票爲30泰銖，07:00～24:00，或從2樓天橋走到火車站搭火車到華藍蓬火車站（靠中國城）。

■ 抵達Mo Chit捷運站後下車往前直走，上樓梯即可抵達捷運站內。

■ 可由此轉搭捷運到蘇坤蔚路或Silom周區。

貼心 小提醒

廊曼機場到曼谷中央火車站

可由機場外的火車站搭泰國國鐵火車或捷運紅線(SRT Dark Red Line)到曼谷中央火車站Krung Thep Aphiwal(Bang Sue)，車程約12分鐘。由曼谷中央火車站也可轉搭免費接駁車或地鐵藍線到華藍蓬舊火車站、中國城、蘇坤蔚路。

地圖繪製／許志忠

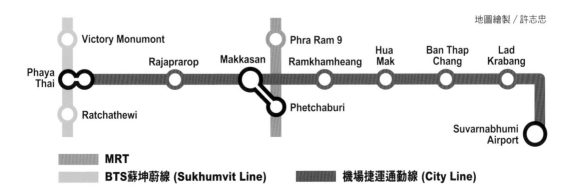

| MRT |
| BTS蘇坤蔚線 (Sukhumvit Line) |
| 機場捷運通勤線 (City Line) |

搭乘機場捷運步驟

Step 1 沿指示抵達最底層

依循SARL標示搭電梯或手扶梯到最底層。

沿著指標走

Step 2 買票

至櫃檯或自動售票機買票，若要換泰銖，購票機後面可找到SuperRich換匯處。

快捷線售票機

Step 3 選擇目的地站名

可選擇英語介面

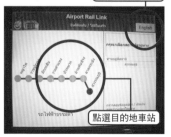

點選目的地車站

Step 4 選擇人數、顯示票價

人數選擇

票價顯示

Step 5 投入錢幣 購買代幣式車票

代幣長這樣

Step 6 將代幣放置在入口閘門黃色處感應

票卡或代幣感應處

Step 7 進入車站後搭手扶梯下樓候車

Step 8 抵達目的地

依循所搭乘的機場捷運路線出口行走，並將代幣投入出口閘門。

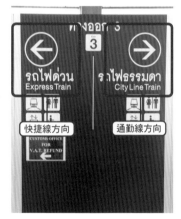

快捷線方向　　通勤線方向

Step 9 前往市區

跟著計程車、市區捷運站指示牌行走，前往搭車。

搭機場巴士 Airport Bus รถสนามบิน

各大小機場幾乎都有巴士前往市區，費用較便宜。

搭機場小巴士 Mini Bus、Van รถ

中小城市公車不發達，機場多以小巴士銜接到市區，人數夠了就發車。亞航在部分機場也設有接駁小巴，收費合理，有些含在機票費用，不需另外付費。

▲ 在接駁車處等候往On Nut站的小巴士

▲ 蘇萬納普機場內也有到芭達雅及華欣的巴士

搭計程車 Taxi แท็กซี่

曼谷計程車按規定採跳表計費，高速公路過路費另計，清邁等其他中小城市的計程車多以固定價的方式計費，多人共乘較划算。現在部分城市也可以用Grab、Bolt或Line Taxi叫車。

機場租車 Car Rental รถเช่า

機場內可找到各大租車公司服務櫃檯，建議出發前先上網預約。除了可租自駕車外，也可租有駕駛的車子。（詳細資訊請參見交通篇）

抵達機場後依循Car Rental的標誌走到租車櫃檯，出示護照、國際駕照、信用卡及預訂單（若事先網路預訂）領車。記得再次確定保險事宜。

實用APP軟體

機場也有些實用的APP可下載使用。

推薦APP	說明
台灣航班通 iPhone Android	各機場即時航班資訊。
Rome2Rio iPhone Android	只要輸入出發地點與目的地，即可搜出各種可行的交通方式。
Thailand Airports Android	可即時掌控曼谷、普吉、蘇美機場最新資訊。
Skyscanner iPhone Android	方便搜尋全球航線及機票比價。若不知道該城市有哪些航線，可在目的地欄選擇「無法確定目的地」。Google Flights也有類似功能。

其他機場交通解析

重要機場	交通分析
清邁國際機場(CNX) Chiang Mai International Airport ท่าอากาศยานเชียงใหม่	由清邁搭計程車到古城區固定價為150泰銖，約20分鐘車程，到尼曼區約200泰銖。出關後在1號出口外即可登記搭乘計程車，拿取收據後，等候指派的計程車司機過來接客。
清萊國際機場(CEI) Mae Fah Luang-Chiang Rai International Airport ท่าอากาศยานเชียงราย	搭小巴士到市區約200泰銖，約20分鐘車程。
素可泰機場 Sukhothai Airport ท่าอากาศยาน สุโขทัย	搭小巴士到新城區約180泰銖，到古城區約300泰銖，約40分鐘車程。
普吉國際機場(HKT) Phuket International Airport ท่าอากาศยานนานาชาติภูเก็ต	搭共乘小巴到巴東180泰銖、卡塔及卡隆200泰銖，按錶計費的計程車約600泰銖、固定價計程車為800泰銖，機場巴士單程票100泰銖。
蘇美機場 Samui International Airport ท่าอากาศยานนานาชาติสมุย	搭小巴士約100～300泰銖，視地區而定，可向服務台查詢各區定價。

機場資訊這裡查

　　要查詢航班，連結到出境機場的網站是最即時且正確的，網站上通常也會有平面圖及交通資訊。

桃園國際機場
http www.taoyuan-airport.com

高雄國際機場官方網站
http www.kia.gov.tw

泰國機場聯合網站
http www.airportthai.co.th(有中文)

＊以上資料時有異動，以官方最新公告為準。

▲亞航有些航線的票價含接送到機場的費用

街頭新發現

殘障旅客不便利

有些大眾運輸提供殘障乘客協助服務，但一般來講，泰國的道路跟台灣一樣有很多小販且崎嶇不平。

請起立唱國歌！

若08:00或18:00剛好出現在公園、夜市這類的公共場合，無論你正在跑步，還是在與小販討價還價，請立正站好，好好的聽完國歌吧。泰國的電影院設備一流、但價錢卻非常合理，若有自己喜歡的片子上映，不妨上電影院體驗一下。但電影放映前，同樣要求全體人員起立聽國歌喔！

變性人接受度高

許多百貨公司或餐廳都會看到Ladyboy，泰國人對於變性人的接受度很高，不會以異樣眼光對待，而且通常他們的服務態度都非常好喔！

自助洗衣機

在泰國各地的小巷通常會看到這樣的招牌，這是Laundry洗衣處，通常以公斤算，普吉島這類的離島觀光區通常1公斤50泰銖，一般區域則約30泰銖。街頭也可找到自助洗衣機。

酷愛爽身粉！

泰國人習慣灑上爽身粉吸汗，超市裡的爽身粉種類琳琅滿目，還有很多清涼配方的，真是酷熱天氣的一大良伴(現也有透心涼濕紙巾)。

應用泰文 指指點點

機場	國際機場	廊曼機場	蘇萬納普機場
สนามบิน	ท่าอากาศยานนานาชาติ	ท่าอากาศยานดอนเมือง	ท่าอากาศยานสุวรรณภูมิ
護照	安檢處	登機證	海關
หนังสือเดินทาง	ที่ตรวจสอบความปลอดภัย	ตั๋วเครื่องบิน	ด่านศุลกากร
移民局	洗手間	出境登機門	候機室
ด่านตรวจคนเข้าเมือง	ห้องน้ำ	ประตูขึ้นเครื่อง	ที่พักผู้โดยสาร
行李	大件行李	提領行李處	手提行李
กระเป๋าเดินทาง	กระเป๋าเดินทางใบใหญ่	บริเวณรับสัมภาระผู้โดยสาร	กระเป๋าเดินทางขึ้นเครื่อง
市區	機場巴士	高速公路	過路費
ใจกลางเมือง	รถบัสสนามบิน	ทางด่วน	ค่าทางด่วน
捷運站	換錢	多少錢	票務中心在哪裡？
สถานีรถไฟใต้ดิน	แลกเปลี่ยนเงิน	เท่าไร	ที่ขายบัตรอยู่ที่ไหน(คะ)

交通篇
Transportation

泰國走透透，該用什麼交通工具？

泰國是個以觀光為主要產業的國家，因此有許多交通配套選擇，可依據自己的
預算、時間、身體狀況選擇交通方式。曼谷市區的公共交通網絡是全泰國最完
善的，建議可善加利用大眾運輸，並適時搭配價格合理的計程車暢遊曼谷。

泰國境內交通工具

城市間移動交通總覽

■ **省時**：可善用飛機，除了泰航、Thai Smile及曼谷航空這類的一般航空外，還有亞航、Lion Air、Nok Air、越捷等平價航空，常可買到超值機票。

■ **慢遊**：火車走動空間大，車上還有小販兜售飲品小吃，車費超級便宜，但泰國限於軌道未更新，有些車型雖已更新，速度仍較慢。

■ **節省旅費及時間**：長途巴士路線廣而頻繁，費用也相當合理，且長途多為幾乎可躺平的座位，適合搭夜車，早上抵達目的地，既可省住宿又省時。

▲ 搭火車雖較慢，但也可悠哉欣賞沿路風光，適合喜愛慢旅行者

▲ 火車站內多有旅遊服務櫃檯，可訂行程及租車

▲ 長途列車都有用餐車廂

■ **船**：離島或芭達雅到華欣可善用船接駁。

■ **自駕**：自由度高，適合多人共遊或家庭旅遊，但要習慣駕駛方向不同。

■ **包車**：自由度高，又不須承擔駕車風險。

市區移動交通總覽

■ **公車**：曼谷是全泰國公車最完善的城市，清邁積極改善中，其他城市幾乎沒有公車服務，或以大台三條車當公車用。

■ **雙條車**：最普遍且平價的方式，就像泰國私營公車，但又較有彈性，只要司機願意載，就可以載到目的地，也可以包車。

■ **計程車**：曼谷按規定為跳表計費，其他城市幾乎都是固定價或喊價的方式，現主要觀光城市也可使用手機APP叫車（請參見P.70）。

■ **摩托計程車**：曼谷市區塞車時段或2公里內的短程行程，最適合的交通工具。

■ **嘟嘟車**：傳統計程車，但須以喊價方式，費用並不比計程車便宜，曼谷有時會遇上嘟嘟車詐騙陷阱。

■ **自租摩托車或單車**：清邁等中小城市、離島這些交通較不方便的地方，可以自行租摩托車，自由度高，但夜晚駕車有些路段較暗，需特別注意。

航空

泰國境內共有30多座機場，其中6座為國際機場，包括：曼谷、清邁、素可泰、普吉島、蘇美島及合艾（Hat Yai）。其中曼谷機場為主要國際航運站。

國內航線相當完整，各觀光城市幾乎均設有機場。有些機場，如素可泰機場及蘇美島機場，為曼谷航空打造的度假型特色機場，雖平價航空無法使用，但像是亞航也設計了飛機＋海陸聯運的行程，讓背包客可以低廉的價格抵達蘇美島這類的離島。

▲ 蘇美島及素可泰機場均為曼谷航空精心打造的精品級機場，就像座美麗的度假村，讓人驚喜連連

船 Boats、Ferries
ขนาน ี

渡輪也是泰國的主要交通工具之一，除了銜接各小島外，即使是現代化的曼谷，大部分居民也

▲ 曼谷河濱區的高級旅館多有免費的接駁船

▲ 銜接離島的遊艇，多為雙層遊艇

大量仰賴渡輪運輸，還可避免交通堵塞之苦。

5～10月雨季搭船時要特別注意大雨大浪，11～4月乾季期間較適合從事水上活動，乘船務必穿好救生衣。華欣與芭達雅也已開通渡輪航線。

▲ 曼谷市區交通壅塞，搭船是尖峰時間的好選擇

火車 Trains
รถไฟ

泰國主要城市之間均有火車銜接，不過速度較為緩慢。但大部分列車設有臥鋪車廂，這對於長途旅行來講，或許是較為舒適的方式。

車種分為：普通車（Rapid）、快車（Express）及特快車（Special Express）。車廂則分為頭等、二等及三等車廂，冷氣與風扇設備，或軟墊與硬座之別。臥鋪的下鋪也比上鋪貴一點。長途列車多

▲ 二等風扇車廂

從曼谷的華藍蓬火車站（Hualamphong）出發。最新列車（Utrawithie）較為舒適，待雙軌架設完成後，車程可望縮短。接下來還有新列車加入Hat Yai、Nong Khai及Ubon Ratchathani路線。

▲ 二等車廂臥鋪

搭火車注意事項

- 週末或泰國長假旅行，請務必先訂位。例如潑水節或水燈節期間曼谷跟清邁之間的車票。
- 建議發車前30分鐘抵達火車站。
- 重要物品務必隨身攜帶。
- 下鋪雖然較貴，但行李可直接放在床下，較方便看顧。
- 火車站站內或附近都會有些小吃或雜貨店，可備些乾糧及水。

泰國鐵路資訊這裡查

泰國鐵路局
http www.railway.co.th

泰國鐵道圖
http johomaps.com/as/thailand/thailandrail.JPG

＊以上資料時有異動，以官方最新公告為準。

看懂火車時刻表

搭火車步驟教學

Step 1 抵達火車站後，查看時刻看板

Step 2 前往發車月台

Step 3 前往預訂的車等及車廂號碼

車廂編號看這裡　　往返路線看這裡

Step 4 前往預訂的座位，可將行李放置在座位下或行李區

行家祕技 如何購買火車車票

可在泰國鐵路局官網上購買，但從海外訂購仍有點困難，可到當地再試試。最方便的方式是直接請旅行社購買火車票，雖須多付點手續費，但不需自行花時間及交通費跑到火車站購買。若想自己購買，可先上網查詢車班：

Step 1 到火車站內的外國人購票窗口購票

Step 2 告知目的地及時間

Step 3 選擇車廂、座位及詢問價錢

Step 4 付款並取票，記得確認日期及目的地是否無誤

長途跨城巴士 Bus รถ
小巴士 Mini Bus、Van รถ

泰國的巴士網絡完善且快速：短程有許多小巴士公司（如曼谷到華欣），長途巴士（如曼谷到清邁）除了一般巴士外，還有VIP車種，設備一流，座位幾乎可平躺，提供毯子，並有服務親切的車掌小姐奉上水及點心。

另還有一種VVIP車，座位較少，爲按摩座椅，並配有多媒體電玩設備，讓你長途旅行也不無聊。這種VVIP車座位少，最好事先訂票。

不過也常發生不合法巴士以較差的車種收取VIP車費的情況，購買車票一定要找合法的旅行社。搭夜車也務必將重要物品抱好，南部長途巴士偶有偷竊事件發生。

▲ 曼谷清邁VIP長途巴士

▲ 當地巴士車況

看懂巴士時刻表

時間 (Time)	目的地 ปลายทาง (To)	巴士公司 บริษัท (Company)	候車月台 ช่านชาลา (Platform)
17:00	เชียงราย / CHIANGRAI	กรีนบัส GREENBUS	21
17:00	แพร่ / PHRAE	กรีนบัส GREENBUS	18
17:00	เชียงราย / CHIANGRAI	กรีนบัส GREENBUS	21
17:30	นครราชสีมา / NAKHONRATCHASIMA	นครชัยทัวร์ NAKHONCHAI TOUR	5
17:30	กรุงเทพ / BANGKOK	สมบัติทัวร์ SOMBAT TOUR	4
17:30	เชียงราย / CHIANGRAI	กรีนบัส GREENBUS	21
17:30	พะเยา / PHAYAO	กรีนบัส GREENBUS	19
17:45	เชียงราย / CHIANGRAI	กรีนบัส GREENBUS	21
18:00	กรุงเทพ / BANGKOK	ชัยพฤกษ์ทัวร์ CHAYACHIT TOUR	12
18:00	น่าน / NAN	กรีนบัส GREENBUS	18

發車時間 ｜ 目的地 ｜ 巴士公司 ｜ 候車月台

搭長途巴士步驟教學

Step 1 20分鐘前抵達車站

Step 2 到正確候車台候車

Step ③ 搭VIP車種者，請將行李放置在輸送帶上，服務人員會將行李放置在行李箱中

Step ④ 上車前往預訂座位，車掌小姐會提供茶點

租車 Car Rental รถเช่า

機場及主要城市可都找到租車公司，租車費用很合理，也可租中文導航。建議事先預約才可享優惠價。

租車自駕注意事項

- **駕駛方向不同**：要特別注意的是，泰國是左駕，跟台灣方向不同。租車自駕，一開始請先慢行熟悉駕駛方向，並要特別注意小巷鑽出的摩托車。
- **時速限制**：一般市區道路為60公里／小時，高速公路為100～120公里／小時。
- **U Turn**：除了駕駛方向不同外，有很多需要U Turn的時候，迴車道會有U Turn的告示，看到後需開始切入內車道，在迴轉路口耐心等候。騎摩托車或單車，切入內車道時須特別小心。
- **潑水節期間謹慎駕車**：潑水節期間要特別小心酒駕問題，請務必謹慎駕車。
- **郊區紅綠燈號誌較少**：泰國郊區紅綠燈號誌較少，有時需耐心等候，還好泰國人駕車都還滿禮讓的。
- **喇叭別亂按**：不要亂按喇叭，泰國人除非必要，否則很少按喇叭。
- **注意斜坡**：斜坡很斜，尤其是普吉島，很多斜坡路幾乎呈60度，租摩托車要特別檢查煞車。

▲ 若是三線道，左側為左轉車道，中間為直行車道、右側的內車道為右轉車道

▲ 有些道路是單行道，路口會有這樣的禁行標誌

▲ 上坡打低檔標示

▲ 連續彎路

租車手續及規定

- **年齡限制**：一般為18～25歲以上才可租車。
- **須備文件**：國際駕照、原駕照、信用卡。
- **保險辦理**：務必確認保險事宜。
- **異地還車須收費**：可異地還車，不一定要在同一個地方還（但要另外加費）。
- **緊急電話隨身帶**：記得攜帶租車公司緊急聯絡電話。
- **還車前先加滿油**：記得詢問還車時是否需要加滿油。
- **視自身需求租車**：租車時記得視自己的行李大小及人數租用車型。

交通篇

■ **先預約司機**：許多租車公司提供自駕或含司機的服務。需要司機者須先預約。

租車公司這裡查

AVIS
http www.avis-taiwan.com

Sixt
http www.sixt.com

Hertz
http www.hertz.com

Thai Rent a Car
http www.thairentacar.com

＊以上資料時有異動，以官方最新公告為準。

行家祕技　如何網路租車

Step 1 登入網站：點選「國外租車」
www.avis-taiwan.com/tw/home.html

Step 2 填寫租車資料：點選「我要租車」，接著選擇取車國家、服務據點、車型、取車時間、姓名、附加設備(如GPS)，接著按「繼續」看報價。

1. **AWD號碼**：如果有AVIS全球折扣號碼(AWD)，請在此輸入
2. **Wizard號碼**：如果有AVIS Preferred會員，請在此輸入Wizard號碼
3. **IATA號碼**：如果是旅遊相關業者，請在此輸入公司的IATA號碼

Step 3 填寫個人資料：填寫完預訂資料，送出即完成預訂。

Step 4 電子信箱確認函：印出預訂記錄及號碼。

Step 5 抵達當地領車：出示國際駕照、駕照原本及信用卡領車。

交通設施

加油站(Gas Station / สถานีเติมน้ำมัน)

較常見的加油站有黃色的Shell、藍白色的PTT及深綠色的CALTEX。

一般摩托車加油只要告知「Bensin」及加多少錢(例如：50泰銖)即可。若是自助加油站，有些只要自己投錢即可，有些則要到加油站內的站亭付錢，再自行加油。

汽車則依照該車的油種加油，租車時租車公司會告知或貼標示在車上。油種包括95、91、E20乙醇汽油、及柴油。泰國油價跟台灣差不多，並不便宜，一般計程車或小巴士皆為加氣車，費用便宜很多。

▲ 小巴士及計程車都使用較便宜的天然氣

▲ 偏遠地區的加油亭，有些則是裝在寶特瓶中以瓶裝賣

停車(Parking / จอด)

白線為免費停車格，紅線區不可停車。除曼谷之外，其他區域幾乎都是免費停車。許多餐廳都提供停車服務，可拿小費給服務人員。

泰國市區交通工具

曼谷市區公共交通＝2條SARL機場捷運＋2條BTS空鐵捷運＋2條MRT地鐵捷運＋1條APM黃金線公車網絡。計程車費用便宜，多人共遊可善用，但尖峰時間塞車嚴重，不宜搭乘，短程可考慮摩托計程車。

捷運 Subway รถไฟใต้ดิน

搭捷運注意事項

■ **Rabbit Card交通卡及MRT地鐵交通卡**：適用於BTS線，在合作商店也可使用此卡消費。若需要由BTS捷運線轉MRT地鐵線，須先出站重新購票。MRT地鐵與BTS捷運票卡不同。現在MRT路線已較爲完整，尖峰時間人潮不少，建議兩種交通卡都購買，節省排隊購票時間。

▲ 曼谷捷運站每一側都只有一邊有電動手扶梯，提重行李者應特別注意

■ **買票前先至櫃檯換硬幣**：BTS線的機器大多不接受硬幣，須到服務櫃檯換幣。服務櫃檯只接受換幣、購買儲值卡及儲值的服務。

■ **搭捷運可避開塞車潮**：多人共遊時其實搭計程車還比捷運便宜，但塞車時間市區交通是動彈不得，記得搭捷運或公船。

■ **先加值足夠金額**：搭乘捷運的人相當多，建議在人流較少的捷運站加值足夠金額，在人潮較多的捷運站刷卡即可進站，不須排隊購票。

■ **注意聽廣播免搭錯方向**：中央碼頭Saphan Taksin站只有一個月台，候車時要注意聽廣播是往哪個方向的列車。若是往市區（如Siam區），列車是往National Stadium，面向車軌，捷運由左手邊方向開過來，往右手邊方向前駛。

▲ 少數車站有這種收鈔票的新機器

交通篇

如何購買捷運車票

1 Step **查詢目的地站票價：** 在購票機的地圖上查詢自己要去的站名，旁邊所標示的數字為票價。

2 Step **按票價鈕：** 例如是25元，請選按25的按鈕。

3 Step **投入硬幣：** BTS線大部分機器只接受硬幣，沒硬幣者要到櫃檯換幣。

4 Step **領取車票**

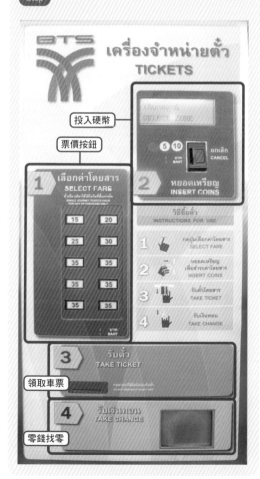

投入硬幣

票價按鈕

領取車票

零錢找零

搭捷運步驟Step by Step

Step 1 **卡片在感應器上刷卡通過閘門**

票卡感應處

Step 2 **查看正確月台**
先找到前往方向的終站站名。

Step 3 **到月台候車**
站內只有一邊有手扶梯，拿行李者進站前可先看哪一邊有手扶梯。

Step 4 **查看目的地前一站站名**
每一站到站前會廣播各站站名，但有時廣播聲較小，最好先查看目的地前一站站名。

Step ⑤ 看地圖找出口

出站前先查看站內的周區地圖,往哪個出口較接近自己的目的地,或出站前先詢問站內服務台。

Step ⑥ 從正確的出口出捷運站

主要捷運站也會標示各出口的旅館名稱

BTS線有幾個站設有天橋連接,兩站之間步行約7分鐘

市區巴士 Bus รถ

較為老舊,除了冷氣車外,還常會看到風扇公車,不過有些老公車的地板仍是被乘客磨得光滑的木板,是另一番鮮體驗。公車上多有車掌,只要告知地點,車掌會告訴你車費,可找零。

▲ 曼谷巴士　　　　　▲ 普吉島三條巴士站牌

▲ 普吉島的風扇巴士

計程車 Taxi แท็กซี่

曼谷的計程車費相當合理,非塞車時間可善加利用。但其他區域大多不以里程計費,有些觀光

區域或離島的車費相當高，多人共遊可考慮包車的方式。

搭計程車注意事項

- **攔路上跑的計程車**：攔在路上跑的計程車，不要搭在路邊等的計程車，尤其是停在觀光景點外的。
- **先告知目的地**：上車前先告知目的地，雖然目前法律規定計程車不可拒載，但有些塞車路段或太遠、太近，仍會出現拒載的情況。
- **確認司機是否有按錶**：上車注意司機是否有按錶（起跳價40泰銖）。有些計程車會在你上車後想以喊價的方式計價，遇到這情況建議換車。
- **過路費先準備好**：有些路段司機會問你要不要走高速公路，通常比較不會塞車、較快，但要多付15～45泰銖的過路費。快到收費站時，計程車司機會跟你收取過路費以便繳費，請先準備好錢。
- **直接打電話至目的地**：若遇到司機不知道路者，可請司機打電話到目的地詢問。
- **直接給司機看地圖**：若有行動網路，也可開Google地圖給司機看。

實用APP軟體

推薦APP	說明
APP叫車 iPhone Android Grab Taxi、Line Taxi或Bolt。	

雙條車 Songthaew
รถสองแถว

發音就像中文的雙條，就是一般的小貨車在後面放兩條長條座椅，沿街載客。這樣的車種在曼谷郊區、清邁、普吉等小城市是最普遍的交通工具。由於小城市區公車不多，居民多以雙條車代

步。因此許多地區有固定路線與車資，如從普吉鎮搭大雙條車到巴東的固定費用是35～50泰銖。

搭乘時只要在街邊攔下雙條車，告知司機目的地，司機就會表示是否願意載客（依是否順路或知曉位置而定），接著可開始議價，要下車時按鈴即可。短程為20～30泰銖，中長途為30～50泰銖。清邁古城區的價錢均為20泰銖。

若一天要搭乘好幾趟，到好幾個地點，也可問雙條車司機包車到所有地點的總費用，通常價錢會比較划算，且不需再攔車、節省時間。

▲普吉島的雙條車車身會標明路線

▲曼谷Phrom Phong與Thong Lo之間的小巷口也有這樣的小雙條車

▲一般常見的雙條車

摩托計程車 Motorcycle Taxi
มอเตอร์ไซค์รับจ้าง

這是塞車時最便利的交通方式，在曼谷尖峰時段最實用。通常在捷運站下或者較長的巷口均有穿著橘色、桃紅色背心的摩托計程車站。

搭乘方式

站內清楚標出里程費用，只要坐上車告知地點

即可（例如旅館或公寓名稱、7-11等大標的）。抵達目的地後再付錢。最簡單的方式是透過Grab叫摩托計程車，無需擔心溝通與價錢問題。

摩托車 Motobike จักรยานยนต์

清邁等中小型城市公共運輸並不發達，租摩托車是較為便利的方式。一天租車費用約為200～300泰銖，現在大部分為自動換擋車。一般均可直接詢問投宿旅館，他們就會請合作的車行將摩托車騎過來，只要押護照或3,000泰銖即可。

一開始記得先慢行熟悉行車方向，騎車務必戴安全帽，近年泰國嚴格取締安全帽違規。

單車 Bike รถจักรยาน

清邁這樣的小城鎮也很適合租單車逛市區。許多旅館、民宿提供免費單車，古城區也有多家租車店。清邁一天的租車費約50泰銖，一個月約500泰銖。

曼谷及清邁現在也開始推出類似台北的U Bike單車，同樣需要辦卡，程序與U Bike類似。主要觀光城市也多可找到單車觀光行程，更深入體驗當地文化。

三輪車 Tricycle สามล้อ
嘟嘟車 Tuk Tuk ตุ๊ก ๆ

在小城的觀光區會看到人力腳踏的三輪車（Samlor，發音就像中文的「三輪」），及機動式的嘟嘟車（Tuk Tuk）。除了清邁及一些古城鎮外，現在已經很少看到三輪車了。這兩種車都沒有定價，依距離喊價。

短程不應超過50泰銖，有些司機甚至會開價300泰銖，太過便宜的也不該搭（嘟嘟車常見騙術請見P.187）。許多旅館提供免費的嘟嘟車接駁到附近的地鐵站或商場，也可搭乘這種車體驗一下就好。

昭披耶河公船 Boat、Ferry ขนาน

橘色旗船停靠大部分景點，是最多班次的船班；藍色旗船為觀光船，船上有導覽，遊客會拜訪之處幾乎都停靠，甚至包括橘船不停靠的觀光點，費用平價，有些船班還是冷氣船；沒有插旗的船每一站都停，最慢；綠、黃旗公船遊客較少用到。一般船的費用為10～15泰銖，觀光船（CHAO PHRAYA ExpressBoat）票價為單程票50泰銖、一日票180泰銖。

購票方式

大船站內可看到擺著小收票桌的票務人員，可在此購票，或者上船後告知船掌小姐目的地，即可在船上購票。

▲ 觀光船購票處

交通篇

空盛桑運河遊市區

　這是從蘇坤蔚路到古城區最便捷的方式，約20分鐘，沿途又可看到曼谷的另一面！由Central World附近的水門站（Pratunam Pier）或MRT線Petchaburi站（也是機場線的Makkasan站）旁的Asok船站，均可搭運河船至MBK旁的華昌站（Hua Chang Pier）及金山寺旁的終站繁華站（Phan Fa Pier）。

$ Khlong Saen Saep Express Boat空盛桑快捷船從金山寺Phanfa站到水門站12泰銖，金山寺到Jim Thompson House可搭到Baan Krua Nua站
◐ 平日05:30～20:30，假日05:30～19:00
http khlongsaensaep.com/lines-route-map.html

應用泰文 指指點點

長途巴士票 ตั๋วรถโดยสาร	市區巴士票 ตั๋วรถเมล์	多少錢？ เท่าไร	直走 ตรงไป	右轉 เลี้ยวขวา
左轉 เลี้ยวซ้าย	紅綠燈 ไฟเขียวไฟแดง	嘟嘟車 ตุ๊กตุ๊ก	三輪車 สามล้อ	摩托計程車 มอเตอร์ไซด์รับจ้าง
計程車 แท็กซี่	捷運 รถไฟใต้ดิน	雙條車 รถสองแถว	單車 จักรยาน	火車 รถไฟ

這是電話號碼
นี่คือเบอร์โทรศัพท์ของฉัน

到玉佛寺多少錢？
ไปวัดพระแก้วเท่าไหร่

請幫我叫一輛計程車
ช่วยเรียกแท็กซี่ให้ฉัน(ผม)หน่อย

計程車來了嗎？　　　請跳錶
รถแท็กซี่มาหรือยัง　　ใช้มิเตอร์

這台巴士到高山路嗎？
รถคันนี้ไปถนนข้าวสารไหม(ค่ะ)

我可以在哪裡搭巴士到高山路？
ที่ไหนสามารถขึ้นรถบัสไปถนนข้าวสารได้(ค่ะ)

我需要換車嗎？
ต้องเปลี่ยนรถบัสไหม(ค่ะ)

我應該在哪裡換車？
ต้องเปลี่ยนรถบัสที่ไหน(ค่ะ)

麻煩載我到高山路
ช่วยพาฉันไปที่ถนนข้าวสารด้วย(ค่ะ)

請走收費的高速公路
ช่วยขึ้นทางด่วนด้วยค่ะ

到高山路時可以麻煩你告訴我嗎？
ช่วยบอกตอนถึงถนนข้าวสารด้วย(นะคะ)

請在這裡等一下
ช่วยรอตรงนี้สักครู่(นะคะ)

在這裡停車
จอดที่นี่

這裡右轉
เลี้ยวขวาตรงนี้(ค่ะ)

車錢是多少？
ค่าโดยสารเท่าไหร่

不用找零
ไม่ต้องทอน(ค่ะ)

住宿篇
Accommodations

旅行泰國，有哪些住宿選擇？

泰國的旅館選擇五花八門，什麼都有、什麼都不奇怪，到底要怎麼選，怎麼訂呢？

如何選擇合適旅館

預算

泰國各種等級的旅館均很齊全，青年旅館每人約250～650泰銖，經濟型旅館及民宿雙人房約600～2,000泰銖，中價位旅館約2,000～3,500泰銖，高級旅館約4,500～12,000泰銖。房價也依城市而有所差別，曼谷以外的城市均較便宜。

地點

參考地圖，看是喜歡交通便利的捷運站周區，或是隱祕的海灘、河邊或山林區。以曼谷來講，喜歡逛街者，可考慮蘇坤蔚路Siam站～Ekamai站之間的旅館；喜歡悠閒度假者，可考慮河濱區；喜歡當地生活文化者，可考慮中國城及古城區。

偏好類型

單行者可選擇青年旅館或民宿，較有機會認識其他旅行者。家庭旅遊可考慮公寓型或商場上的旅館，通常有廚房或洗衣設備，有些房型是2～3房套間，或公共休閒設施較完善的旅館，如庭園游泳池、親子設施等。喜歡新奇設計者，可考慮設計旅館、青年旅館、中價及頂級精品設計旅館等。貴婦享受者可考慮頂級旅館；愛逛街者也可考慮設在商場上的旅館，通常為4～5星級旅館。

參考評價

訂房前，記得參考旅遊書，或上網查詢網友實際住過的感想。有時旅館設計雖然很好，但住起來並不一定舒適。TripAdvisor、各訂房網站住客評價，或以旅館名稱搜尋部落格分享，均是相當好的參考管道。

行家祕技 三人同遊怎麼訂房

若是三人同行的話，可訂一間房，要求旅館加床，通常需另付加床費。有些旅館房間太小，只能加兒童床或不可加床，預訂時要特別注意。現在許多中低價位旅館也提供3～4人的家庭房。

各城市背包客集中區

城市	背包客集中區
曼谷	高山路、Nana站～Asok站之間小巷
清邁	Night Bazaar觀光夜市Loi Kroh Rd.街區及Tha Phae Rd.靠近塔佩城門的各小巷內、古城Ratchadamnoen Rd.及Ratchamanka Rd.之間(靠近塔佩城門)、Moon Muang Rd.護城河與Ratchapakinai Rd.之間
素可泰	新城Yom River河濱區(農民銀行後面)、舊城區購票處前
普吉巴東市區	Nanai Rd. (Banzaan Market傳統市場後面) 普吉老鎮上也有許多平價旅館

住宿類型選擇多

高級旅館

5星級旅館、擁有私人管家的獨棟別墅、皇宮般的奢華旅館，泰國通通滿足你。若想放鬆度假，可考慮南部島嶼的5星級度假旅館。5星級旅館的設施非常完善，可以讓你整天待在旅館內也不無聊。

經濟型旅館

除了民宿外，也有與民宿差不多價位的平價旅館，如Red Planet、IBIS這種類型的連鎖旅館，地點通常都不錯，價位約800～1,200泰銖。房間很簡單，以乾淨及現代化設備為主要訴求。

中價位旅館

許多全球連鎖旅館也屬於這個類別，如Holiday Inn及Holiday Inn Express（泰國南部島嶼的分店都相當有特色，且地點很好）、Novotel、Mercure等。與經濟型的旅館差別在於，旅館內的設施比經濟型旅館完善，通常會有游泳池、健身房等。價位約2,000泰銖起。

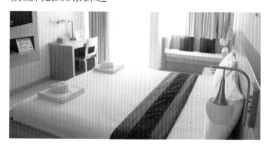

設計旅館

幽默逗趣的泰國設計，也延伸到許多旅館中，泰國之旅不妨找家設計旅館，深入體驗泰國設計的魅力。設計旅館的選擇相當多，從青年旅館、經濟型住宿，到頂級旅館，並不一定要花大錢才住得起設計旅館。約3,000泰銖的設計旅館，硬體其實就跟5～6,000泰銖的旅館差不多，差別在於房間內部用品的細部質感與服務品質。

約1,000泰銖的平價設計旅館的房間通常設備簡單，但會呈現出一些讓客人一進門就WOW的元素。

青年旅館

青年旅館多為4～12人共用一間房,是最容易認識其他旅行者的住宿類型。一床約250～650泰銖。很多青年旅館也提供2～3人的私人房。各家設備不一,有些房間內含衛浴設備,不過大部分均設在房外。平價即可入住有趣的設計房,這種新興的設計青年旅館稱為Poshtel。

青年旅館對於預算較緊的旅客是很友善的,通常包括免費早餐、無線網路,當地套裝行程也比較便宜一點。

▲泰國近年也出現許多極具設計感的青年旅館

▲青年旅館通常有個交誼空間,旅人可在此交換旅遊資訊

貼心 小提醒

入住青年旅館注意事項

青年旅館幾乎不提供備品,需自備:

毛巾及盥洗用品:盥洗用品的收納袋最好是有掛鉤的

鎖頭:大部分設有個人置物櫃,但多不提供鎖頭

耳塞及眼罩:現青年旅館床位多設有拉簾,私密度較夠,但有些較陽春的,如怕光、怕吵,仍建議自備耳塞及眼罩

有些青年旅館Check in時才給床單及枕頭套,退房時要將床單拆下拿到洗衣籃。大部分青年旅館含簡單的早餐,通常是烤麵包跟飲料。

民宿

泰國境內最多的住宿型態是Guesthouse或Bed & Breakfast,像清邁這樣的小鎮,各大街小巷都可看到Guesthouse的招牌,一般整潔度均可信賴,曼谷民宿約600泰銖起,清邁及其他各小鎮的民宿約350泰銖起。較具特色的民宿須先預訂,一般房間數並不多。若只求一個安身之處,也可抵達該城市後到背包客區尋找即可。

有些民宿雖然相當平價,但整潔程度並不亞於星級旅館,與民宿主人的互動又多了點溫馨感。

行家祕技 民宿訂房郵件範例

有些民宿或小旅館並不提供線上訂房服務,須寫信預訂,請參照以下範例填寫。

- □ Family Name:姓
- □ First Name:名
- □ Nationality:國籍
- □ Date:日期
- □ Room Type:房間類型
- □ Person(s):人數
- □ Room(s):房間數
- □ Tel:電話
- □ Email:電子郵件
- □ Notes:附註

特殊住宿

除了一般的旅館、民宿外,還有些較特殊的住宿型態,例如北碧及泰國南部考索國家公園(Khao Sok)的水上屋、清邁山區的樹屋及la.na wild高級露營帳篷,也是很有趣的住宿體驗。

網路訂房 泰方便

實用訂房網站

各訂房網站均同步推出APP，如：Booking. com、Agoda、Hotels.com、Expedia.com.tw等。幾乎所有國際訂房網站都有中文介面，可下載APP到智慧型手機以便瀏覽、收藏及預訂。

■ **Airbnb**：民宿訂房網站，可找到較爲別致的住宿環境，如：趣味盎然的住宿、古董房、皇家禮遇等，另也可找到各種優質的一房或兩房公寓或獨棟住宿。

■ **神祕酒店**：有些訂房網站提供不事先公布名稱的超特價神祕旅館，只提供地點及概略說明，下訂後才知道是哪家旅館。Wotif及Agoda訂房網站（A級機密價）均提供這樣的驚喜訂房。

■ **Jetsetter**：精選全球各地的中高級旅館，旅館型態較爲特別，且均由專人實際住過，在網站上提供詳細的住宿心得及該旅館的優點、活動、注意事項等。網站介面做得很好，只可惜尚未提供中文介紹（www.jetsetter.com）。

■ **衝浪客組織**：www.couchsurfing.orgg。

■ **國內訂房網站**：如易飛、易遊網、足跡Zuji等旅遊綜合網站，也提供許多泰國住宿選擇，且不定期與不同旅館共同推出優惠價。

行家祕技 泰國住宿Q&A

Q1 小費怎麼給？
出門前可放20泰銖小費給清潔人員，協助搬運行李者也是。

Q2 水龍頭的水可以喝嗎？
泰國的水不可生飲，一般旅館均會提供免費礦泉水。

Q3 有網路嗎？
所有旅館幾乎都提供免費無線網路。

Q4 需要帶盥洗用品嗎？
3～5星級旅館提供盥洗用品，但建議還是自行攜帶牙刷，有些環保旅館不提供牙刷。投宿青年旅館均需自己準備盥洗用品，當地便利商店也都有旅行包。

Q5 旅館提供免費早餐嗎？
高級旅館通常提供豐盛的自助式早餐，有些經濟型旅館會提供簡單的美式早餐。訂房時若不想多花錢購買早餐，也可跟著泰國人坐在路邊攤位上，享用一碗熱騰騰的湯麵或泰式咖啡。

Q6 我需要先訂房嗎？
泰國旅館數量相當多，即使不訂房也可找到房間。但若是潑水節、水燈節這種重大節慶，或者較特別或熱門的旅館，尤其是房間數較少的設計旅館，最好先預訂。

依類型推薦曼谷、清邁住宿

類型	推薦住宿飯店、民宿
頂級貴婦旅館	曼谷：文華東方、曼谷華爾道夫、凱賓斯基、四季、Capella、The St. Regis、Rosewood、Kimpton 清邁：四季、Dhara Dhevi(前文華)、137 Pillars House、Chandra Residence
精品設計旅館	曼谷：The Standard、The Mustang Blu、137 Pillars、The Siam、Sofitel So、Hotel Muse Bangkok、Oriental Residence、Hansar 清邁：G Nimman、Burirattana Hotel、Na Nirand Resort、Anatara Chiang Mai、平中良旅館、U Nimman、Raya Heritage、Hotel des Artists Ping Silhouette
購物便利旅館	曼谷：Siam Kempinski、Renaissance、Intercontinental、IBIS Bangkok Siam、Mercure Bangkok Siam、Novotel Bangkok Platinum(也適合家庭旅遊)、Okura Prestige Bangkok大倉新頤(捷運直達)
親子家庭旅館	曼谷：Somerset或Citadines公寓型住宿、Grande Center Point-Terminal 21(捷運直達)、Eastin Grand Hotel Sathorn(捷運直達)、皇后公園侯爵萬豪酒店、Hotel Clover Asoke三葉草、The Sali Hotel Riverside、U Sathorn 清邁：Moose Hotel Nimman、香格里拉、U Chiang Mai
中價位設計旅館	曼谷：AriyasomVilla、Avani Riverside、Riva Arun、Siam@Siam、Volve Hotel Bangkok、Prince Theatre Heritage Stay、Le Meridien Bangkok艾美酒店 清邁：清邁艾美酒店、The Chiang Mai Old Town、The Inside House、Bed Phra Singh
特色民宿	曼谷：Phranakorn Nornlen樂活民宿、103 Bed and Brews 清邁：Early Bird、Baanpordee Guesthouse、Rompo Boutique Hotel
平價住宿	曼谷：Lub d、Urban House民宿、Red Planet Hotel Asoke 清邁：The Gate、Imm Hotel、Hostel by Bed
濱海度假	普吉The Slate、蘇美島四季、蘇美島W Retreat、華欣Rest Detail、Sheraton Hua Hin、InterContinental Hua Hin、Lud d. Phuket
畢業旅行	雖然學生旅遊省錢第一，但也可考慮住一晚設計旅館，感受泰國設計的魅力，建議可選擇一間青年旅館＋Siam@Siam或The Sali Riverside等級的設計旅館
轉機住宿	距離機場約10～15分鐘車程範圍內有許多平價住宿，提供免費機場接送服務(機場服務台提供所有機場旅館列表)，或機場捷運站Phayathai附近的旅館，如Hotel Tranz、Hotel Thomas；廊曼機場可考慮機場直通的Amari旅館

泰國特色旅館推薦
特色住宿泰享受

曼谷文華東方酒店 曼谷
Mandarin Oriental Hotel Bangkok

http www.mandarinoriental.com/bangkok / ✉48 Oriental Avenue / ☎(02)659-9000

創立近150年的經典旅館，悠閒的河濱度假氛圍中帶著迷人的文化底蘊。旅館服務一流，找個機會親自來體驗這家經典酒店的頂級服務吧。

1.新翼的Deluxe房型 / **2.**泰式餐廳，晚上有傳統歌舞秀 / **3.**皇家舞廳 (1～3圖片提供 / Mandarin Oriental Hotel Bangkok)

曼谷華爾道夫 曼谷
Waldorf Astoria Bangkok

http www.waldorfbangkok.waldorfastoria.com / ✉151 Ratchadamri Road / ☎(02)846-8888

位於曼谷四面佛後面，一棟宛如木蘭花的建築優雅伸向天際，這是曼谷近年開設的頂級奢華旅館，也是泰國Magnolias Ratchadamri(MQDC)與Hilton集團共同打造的近年力作。

整體空間設計由香港建築師Andr Fu操刀，在象徵著工藝與奢華、傳統與現代、東方與西方的銅及大理石之間，融入了華爾道夫的經典元素與溫暖精湛的泰國工藝細節，呈現出平衡而又舒適的空間感。

1.華爾道夫的服務真不愧為頂級奢華旅館等級 / **2.**房間設計彷如家一般溫暖舒適，且設施全為最新產品 / **3.**即使不住這裡，也推薦過來享用法國甜點師傅精心準備的茶點 / **4.**最推薦56樓的The Loft高空日落景觀極佳，雞尾酒更是令人讚不絕口

頂級精品設計旅館
The Siam Hotel

曼谷

http www.thesiamhotel.com / ✉3/2 Thanon Khao, Vachirapayabal, Dusit / 📞(02)206-6999

　　曼谷頂級精品設計旅館的代表作,特別請來奢華旅館設計師Bill Bensley設計,並將業主畢生收藏的古董巧妙地擺設在各角落,旅館內甚至還有復古電影院。整體設計主軸以新藝術風格帶領出雅致的浪漫。河濱泰式餐廳的菜色非常值得品嘗,尤其適合傍晚時過來用餐,還可在這個安靜的角落欣賞日落。

1.整體環境充滿新藝術風格 / **2.**旅館內隨處可看到各種古董擺飾 / **3.**Maenam套房房型 (圖片提供 / The Siam Hotel)

The Salil Hotel
Riverside - Bangkok

曼谷

http thesalilriverside.com / ✉ 12052, 7-9 Charoen Krung 72/-1 Alley, Wat Phraya Krai, Bang Kho Laem / 📞(02)844-8787 / ➡ 可由中央碼頭搭乘旅館的免費接駁船到旅館

　　Sali旅館集團位於曼谷昭披耶河的最新力作,旅館分為兩區,一區為市景區,最推薦的為河濱區,兩側的房間面向度假氣息十足的大型游泳池,部分房間還可看到河景。整體布置雖非頂級,但很惹人喜愛,且價位幾乎是沿岸旅館中最親民的,難怪馬上成為河濱的熱門旅館。按摩中心還特別找來Harnn Spa;內部餐廳、河濱的啤酒吧也相當用心。

清邁布里拉塔納飯店
Burirattana Hotel

清邁

http burirattanahotel.com / ✉115 1-5 Rachadamnoen Rd, Tambon Si Phum, Chiang Mai / 📞(053)283-579

　　古城主街上的現代極簡蘭納風格設計旅館。旅館的附設餐廳也相當用心,可吃到各式泰北傳統料理。這家旅館最適合週日入住,出旅館即可逛週日夜市。

(圖片提供 / Burirattana Hotel)

清邁137 Pillars House

http 137pillarshouse.com / ✉2 Soi 1 Nawatgate Road / ☎ (053)247-788

　　清邁的頂級精品設計旅館，位於河濱後面的僻靜小巷內。整座旅館的魅力得從館內1889年的老柚木建築說起……這裡原本是安娜與國王裡的女主角安娜的兒子所開設的公司原址，整棟建築由137根柱子撐起，因此137 Pillars也成為旅館的名稱。所有房間的風格均承襲這棟老建築的殖民優雅風，讓入住的人彷彿又回到那個華麗的年代。

　　這座精品旅館講求的是個人化服務，只要按電話的任何一個鍵，就會有服務人員馬上為您服務。同時也會根據不同的客群需求，提供各種貼心服務。更棒的是，這是座中文友善的旅館，歡迎信及菜單也特別製作了中文版，以便能精確滿足客人的需求。

1.綠意盎然的小泳池 / 2.137 Pillars House源自這棟1889年的老柚木建築 / 3.最頂級的房型，房內還有私人泳池

U Chiang Mai

http uhotelsresorts.com / ✉70 Ratchadamnoen Road / ☎ (053)327-000

　　旅館就位於古城主街上，不但建築風格散發著泰北的溫樸感，重新裝潢過的房間風格，更為清新甜美。最推薦的還是入住U Hotel的附加價值，像是24小時入住制、可選自己喜歡的香皂、免費單車、按摩特價、免費活動等等。

　　住這裡不但平日參觀景點方便，週日傍晚更是一出旅館大門，就是熱鬧的週日市集。另也大推旅館附設的U SPA，超值、技術好，又設在旅館內的百年木屋優雅建築中。而附設的餐廳泰菜品質也相當好，尤其推薦爆好吃的炸軟殼蟹咖哩、泰北前菜拼盤、大蝦及當季綜合甜點。

1.推薦炸軟殼蟹咖哩 / 2.百年老柚木屋樓上即是超值U SPA按摩中心 / 3.清新甜美的房間風格，官網還可預訂從自家陽台即可跳入泳池的Pool Villa房型

Raya Heritage 清邁

http rayaheritage.com / ✉ 157 Moo 6, Tambol Donkaew
/ ☎ (02)301-1861

距離清邁古城約20分鐘車程，位於安靜的河濱區，並如其名地將古老的河濱生活納入旅館中，讓住客充分感受傳統的泰北河濱文化，如古樸的燈罩取自傳統的打穀桶，房門前掛著一般人家會放的護家竹編，而旅館內的餐飲也均採用有機食材，以現代手法呈現傳統泰國美食。

1.泰北人習慣掛在家門口保護家園的竹編 / 2.有機甜菜根做成的義大利麵 / 3.旅館內多以泰北人的生活文物裝飾 / 4.整座旅館所採用的色調樸實自然

U Nimman 清邁

http unimmanchiangmai.com / ✉ 1 Nimmanahaeminda
Road / ☎ (052)005-111

U Nimman是U Hotel集團近年在清邁新潮購物區尼曼區開設的新旅館，緊鄰著新開的歐風購物商場One Nimman，斜對面即是Maya購物中心。提供147間觀光、家庭、商務旅遊皆適合的客房，其中還包括兩房式套房。

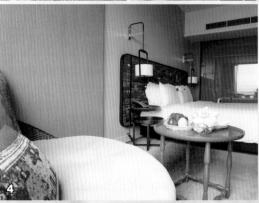

1、2.早餐相當豐富，週四～日晚上吃到飽自助餐竟才290泰銖 / 3、4.現代蘭納風的房間設計

住宿篇

The Slate, Phuket 普吉島

http theslatephuket.com / ✉ 116, Moo 1, Sakhu Thalang / ☎ (076)327-006

　　將濱海悠閒度假及家族故事融入旅館設計的頂級特色旅館，許多細節設計都令人驚豔不已，並且大量採用一種神祕、優雅，及充滿蘊涵的藍色元素。這座旅館不但擁有潔淨的海灘，旅館內部設施更是完善，三座游泳池中還包括一座適合親子戲水的淺池。另也有許多活動，包括風帆、熱帶花藝課程、烹飪課程。週四有海灘烤肉自助餐，週五泰國餐廳為自助餐(Buffet)方式，並有晚餐秀。更特別的是，要搭小船過小池才能抵達這家餐廳。

1.設計師巧妙地將旅館老闆的家族故事轉為本旅館設計特色 / 2.詮釋出現代優雅的房間設計 / 3.大套房內還有這麼寬敞的按摩室 / 4.旅館占地廣大，擁有三座泳池，包括適合兒童嬉戲的淺池，還有許多為兒童及房客安排的免費活動

The Surin 普吉島

http www.thesurinphuket.com / ✉ Pansea Beach, 118 Moo 3, Choengtalay, Talang / ☎ (076)316-400

　　位於普吉島較安靜的Surin海灘區，屬於優雅安靜的度假旅館，服務個人化、親切，難怪許多老客人每年都要回來這裡度假。各棟度假小屋坐落在寧靜的海灣上，成功營造出輕鬆愜意的度假氛圍。

1.寬敞舒適的大床 / 2.承襲一貫清雅風的SPA房 / 3.即使住房率高，但整個旅館仍呈現出一種靜謐的悠閒氛圍 / 4.餐廳服務相當親切且個人化 / 5.美麗的衛浴設計

Lub d - Phuket Patong
青年旅館

普吉島

http lubd.com / ✉ 5/5 Sawatdirak Road / ☎ (076)530-100

　　位於巴東市中心，步行到海灘僅約3分鐘，並貼心地提供全天候早餐菜單，完全可以慵懶睡到飽。吃飽喝足了，大廳還設置了拳擊場，或可在旅館內的泳池邊躺著、玩大廳的各種娛樂設施。不過旅館的服務走放牛吃草型的，不要有過多的期待。

1、2.刺青室、泰拳練習場、泳池等完善的休閒設施

Hotel Clover Patong
中價旅館

普吉島

http www.hotelcloverpatong.com / ✉ 162/8-11 Tambon Patong / ☎ (076)685-088

　　若想住向海的無邊際泳池旅館，那麼Hotel Clover Patong是很棒的選擇，走出旅館過馬路就是沙灘區了。更有趣的是，旅館前還有家衝浪酒吧，在酒吧內即可享受衝浪的樂趣，適合初學者在此練習。

　　旅館整體風格充滿了健康歡樂的度假氣息，泳池位於5樓樓頂，可望見前面的蔚藍大海及開闊天空。房間設計簡單舒適，價格合理，也是輕鬆度假的好選擇。

1.房間設計明快簡練 / 2.門口就有個衝浪練習場 / 3.池色超療癒的向海屋頂泳池

The Memory at On On Hotel

普吉島

http thememoryhotel.com / ✉ 19 Phangnga Road / ☎ (076)363-700

　普吉古鎮不像巴東區那麼觀光，價格較為合理，且鎮內仍保留許多古樸的建築。而這家旅館為鎮上的第一家旅館，重新整修後，仍保留充滿歷史痕跡的牆面、美麗的中庭。房間寬敞而優雅，只是老旅館的隔音還是比較不好些。

華欣洲際酒店
InterContinental Hua Hin Resort

華欣

http www.ihg.com/intercontinental/hotels/us/en/hua-hin / ✉ 33, Prachuabkhirikhan, 33 Petchkasem Rd, Hua Hin / ☎ (032)616-999

　度假氣息絕佳的濱海度假旅館，設施完善、服務品質佳，還連通好逛的大型購物中心。

Avani Pattaya 度假旅館 芭達雅

🌐 avanihotels.com / ✉ 218/2-4 Moo 10, Beach Road / 📞 (038)412 120

　　一家無論是旅館設施、地點、價位都相當適中的旅館，實屬難得。Avani Pattaya直通適合大人及小孩玩上半天的Royal Garden Plaza購物中心，旅館內廣大的綠園、泳池等設施，又充滿了度假氛圍，過馬路還可直達芭達雅沙灘。

　　房間的舒適度及空間規畫極好，早餐豐盛外，晚上的燒烤海鮮自助式晚餐，也是芭達雅最受歡迎的餐廳之一。

1.早餐選項非常多 / 2.鬧區中的悠閒度假旅館 / 3.房間空間規畫相當棒

Nonze膠囊旅館 芭達雅

✉ 10 183/6 Beach Rd, Pattaya City / 📞 (038)711 112

　　雖是便宜的膠囊旅館，但旅館就位於方便的市中心，對面是沙灘區，旅館內部充滿了設計感。膠囊房間設施相當完善，就連共用衛浴都花心思設計，非常推薦的平價旅館。

　　若想住地點好的設計精品旅館，位於購物中心上面的Hilton及Central Marina購物中心對面的Siam@Siam都是不錯的選擇。

1.雖然是膠囊房，但內部設施完善 / 2.衛浴空間乾淨而有設計感 / 3.用心布置的舒適公共空間

住宿篇

W Retreat Koh Samui 蘇美島

http www.starwoodhotels.com / ✉ 4/1 Moo 1 Tambol Maenam / 📞 (077)915-999

　擁有私人沙灘的度假旅館，旅館內部設計的確充滿WOW的元素，尤其是沙灘邊的無邊際泳池，慵懶的池中座椅，讓人想賴在旅館整天不出門了，再加上所有房間均為別墅型，適合情侶、蜜月旅行浪漫度假。週末的酒吧是蘇美島最潮的夜生活焦點。

1.設備完善的按摩中心，還有石造桑拿室 / 2.房間布置簡單大方，空間寬敞舒適 / 3.健身房提供泰拳設施 / 4.一進門，無論是設計、還是眼前的景色，都讓人不禁WOW的讚嘆 / 5.房內都有私人泳池，也可安排在庭院內烤肉 / 6.安靜的私人沙灘區

應用泰文 指指點點

空房	單人房	雙人大床房	雙床房	冷氣房
ห้องว่าง	ห้องเตียงเดี่ยว	ห้องเตียงใหญ่	ห้องเตียงคู่	ห้องแอร์
清理房間	大廳	櫃檯	毛巾	衛生紙
ทำความสะอาด	ล็อบบี้	พนักงานต้อนรับ	ผ้าเช็ดตัว	กระดาษทิชชู่
枕頭	床套	被單	洗衣服	早餐
หมอน	ผ้าปูที่นอน	ปลอกผ้านวม	ซักเสื้อผ้า	อาหารเช้า

我可以看房間嗎？
ขอดูห้องหน่อยได้ไหม?

可看到景的房間
ห้องมีวิว

請問一間單人房多少錢？
ค่าเช่าห้องเตียงเดี่ยววันละเท่าไหร่?

飲食篇
Gourmet

在泰國，吃什麼風味美食？

優雅的傳統泰國餐廳、海風徐吹讓人大啖蝦蟹的海鮮餐廳、香味四溢的路邊小吃、專業道地的異國美食……美食殿堂裡各種令人無法抗拒的元素，泰國通通都有！

泰國
特色美食

中部／曼谷

米食爲主，鮮魚是很常見的料理。中部中國移民多，因此也深受中國飲食影響，常見各種麵食、快炒類料理。

南部

南部濱海且靠近馬來西亞，以海鮮料理爲主，口味也深受馬來菜影響。到南部可大啖螃蟹、龍蝦、烏賊、貝類等海鮮。市場也常見一種辣蝦醬，適合沾生菜食用。

▲ 到南部或濱海地區，一定要大啖海鮮

東北部

泰國境內相當流行的伊森菜系（Issan Food），許多餐廳會特別標榜自己是伊森菜。東北與寮國相鄰，善用香料料理食物，主要也是搭配糯米，尤其推薦烤雞、青木瓜絲、香腸（Sai Krok Isan），伊森口味香濃，吃起來更有勁。

北部／清邁

靠近緬甸，因此菜系與緬甸菜較接近，以糯米飯爲主食，搭配咖哩（如豬肉咖哩Kaeng Hang Le）或小菜食用（包括一些較容易存放的醃漬菜），另也常見酸辣香腸（Sai Ua）、酥炸豬皮、咖哩麵（Khao Soi）。相對來講，北部鮮魚料理較少見。

▲ 酸辣香腸

🫘 豆知識

蘭納王朝著名的康托克餐
Khantok

Khan是碗的意思，Tok則是小圓桌，蘭納人習慣席地用餐，因此他們會將各種小菜放在碗裡（包括咖哩豬肉、炸豬皮、生菜、及一簍糯米），再將各碗菜擺在小圓桌上，以方便客人用餐。有機會到清邁，可到傳統蘭納餐廳用餐，還可一面欣賞優美的傳統蘭納舞蹈表演。

泰國必嘗美食

初遊曼谷手指點菜

泰國美食琳瑯滿目，想品嘗經典泰國美食，到底有哪些呢？第一次上泰國餐廳，不知道要點哪些菜，不妨參考這份菜單手指點菜。

青木瓜絲 Som Tam
或青芒果絲、柚子沙拉

假蒟葉包
Miang Kham

泰式炒麵
Pad Thai

紅／綠或Massaman咖哩
可選雞、豬、牛、鴨肉、蔬菜

咖哩螃蟹
Phunim Phat Pong Kari

烤豬頸肉
Kor Moo Yang

炸魚Pla Thot或
鹽烤香茅魚

冬蔭公泰式海鮮酸辣湯
Tom Yam Kung

芒果糯米
Khao Niew Ma Muang

前菜

青木瓜絲沙拉
Som Tam

另也有青芒果絲(Tam Mamuang)、
青蘋果、青蓮霧沙拉。

柚子蝦沙拉
Yam Som-O

剝好的柚子拌蝦，相當爽口。

假蒟葉包
Miang Kham

將蝦米、檸檬、花生、醬料等包在假
蒟葉裡吃。

酸辣鮮蝦

記得要加薄荷、苦瓜、大蒜，並沾綠
辣醬。

泰北綜合沙拉
Hors d'Oeuvres

通常包括泰北香腸、炸豬皮、水煮菜
及辣沾醬。

涼拌牛肉沙拉
Yam Nuea

拌烤牛肉及生菜，另還有一種香味四
溢的炸蛋沙拉Yam khai dao。

涼拌花枝
Squid Salad

酸辣口味涼拌花枝。

行家祕技

不辣、小辣請事先說

若不想加辣可告訴老闆：不要辣(Mai ped)或小辣(Ao ped
nitnoi)。若你想要小辣，可跟老闆說一個辣椒，否則他們的小
辣定義可能跟我們不同。若不吃辣的，可說Mai ped，其實也是
會辣，因為他們拌青木瓜絲的缽，基本就是千年老辣缽。

不辣 Mai ped ไม่เผ็ด	小辣 Ped Noi เผ็ดน้อย

主菜

泰式炒麵
Phat Thai

臭豆蝦醬炒蝦

蝦醬炒飯
Khao Kluk ka-pi

鳳梨炒飯
Khao Ob Sap-Pa-Rod

蟹肉炒飯
Khao Phad Poo

糯米飯
Khao Niao

泰式酸辣湯
Tom Yam Kung

椰汁雞肉湯
Tom Kha Kai

行家祕技 糯米飯怎麼吃

　　放在竹簍中的糯米飯，拿起一小撮，用手指揉一揉再吃，糯米會更香Q。

豆腐肉丸湯

酸辣花枝湯

酸辣排骨湯

鹽烤香茅魚

炸魚
Pla thot

咖哩螃蟹 Phad Phong
Ka-Rhi Poo Nim

紅咖哩Gaeng Pet
綠咖哩Gaeng Keow Waan
黃咖哩Gaeng Garee

馬沙曼咖哩
Massaman Curry

炸軟殼蟹
Fried Soft Crab

檸檬魚

雪蛤

烤牛肉

烤豬頸肉
Kor Moo Yang

烤大頭蝦
Kung Ysang

飲食篇

打拋肉
Pad Ka Pow

烤雞 Kai Yang
烤雞腸、內臟也是常見美食。

香蘭葉包雞
Kai Hor Bai Toey

綜合炒蔬菜
Phat Phak Ruam Mit

咖哩魚餅
Thot Man Pla

炸雲吞
Thung Thong

螃蟹咖哩麵線
Crabmeat Curry Served with Rice Vermicelli

泰式火鍋 Chim Chum
以香茅、南薑、泰國檸檬葉熬的湯頭。

泰式腸粉
有點像腸粉,但口味完全不同,內餡甜甜鹹鹹的,吃的時候淋上椰奶及加入爆蔥、辣椒,包在生菜裡吃。

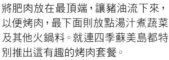

傳統泰式火鍋
Moo Kra Ta
將肥肉放在最頂端,讓豬油流下來,以便烤肉,最下面則放點湯汁煮蔬菜及其他火鍋料。就連四季蘇美島都特別推出這有趣的烤肉套餐。
(圖片提供 / Four Seasons Hotel Koh Samui)

乾火鍋 Suki
冬粉乾麵,可選海鮮或牛肉、雞肉。

甜點

芒果糯米
Khao Niew Ma Muang

芒果得選特種芒果，糯米及椰汁都要拿捏得恰到好處，才能成就出美味的芒果糯米。

香蕉煎餅
Rotti

讓人念念不忘的香蕉煎餅，香蕉煎餅的材料包括：香蕉、雞蛋、煉乳、油、發好的麵粉團。

泰式和果子
Look Choop

做成迷你版的水果，內餡為椰奶綠豆沙。

椰奶小煎餅
Khanom Bueang

包捲椰奶、棕櫚糖及蛋白做成的白醬，再撒上糖絲的米製小煎餅。

椰奶甜湯

通常會加入芋頭、脆圓或其他甜品。

花蒸糕
Ka Nom Chan

鮮花造型蒸糕，常見香蘭葉、紫蝶花口味糕點。

蛋絲糕
Foy Thong

蛋白做成的絲捲甜點。

黑糖仙草
Brown Sugar Grass Jelly

也很常見，口感較硬Q。

米餅
Rice Cake

又香又脆的健康零食。

水果

木鱉果 Gac Fruit
由於種子長得像鱉，所以中文名為木鱉果。含豐富的茄紅素及胡蘿蔔素。在清邁週末市集及曼谷拉差達火車夜市果汁攤可看到這種水果。

路上觀察 非常講究的辣醬芒果

泰國人很注重芒果品種，芒果糯米需要香甜的特種芒果，青芒果及青黃芒果，泰國人會沾辣醬吃，而且對於辣醬還非常講究，超市裡都有專櫃，讓客人試各種不同的芒果辣醬，路邊攤的青芒果也會附上一包辣糖粉。

鳳梨 Pineapple
削好的可愛鳳梨，方便食用。

蘭薩果 Langsat
類似龍眼，但味道完全不同，酸酸甜甜，帶點柚香味。

**芒果
Mango**

**榴槤
Durian**

**山竹
Mangosteen**

**紅毛丹
Rambutan**

飲品

泰國冰奶茶
Thai ice tea (Cha yen)
泰國奶茶那抹香濃味，擄獲多少遊客的心。許多捷運站有手標牌茶攤，奶茶很有水準。可選綠茶或紅茶奶茶。

椰子水咖啡／椰奶咖啡
Coconut Coffee
美式咖啡加上清爽的椰子水，蔬食拿鐵用椰奶取代牛奶。

泰國咖啡
Ice coffee (Cafe Yen)
泰北現在也種植高品質的咖啡豆，泰國傳統冰咖啡真是一絕。

行家祕技　如何自己做道地泰國奶茶

 1 Step　將茶葉放進濾網中

 2 Step　水沖過濾網中的茶

 3 Step　倒入煉乳並與茶攪拌均勻

 4 Step　倒入冰塊

 5 Step　最後再加煉奶(不像煉乳那麼濃稠)，即完成一杯泰國奶茶

▲ 傳統泰國奶茶及咖啡是用這樣的濾網做出來的，可惜現在曼谷越來越少見了

▲ 手標牌奶茶攤所使用的煉乳

▲ 現在很多捷運站也看得到手標牌茶攤

蝶豆花茶
Blue Pea
藍色蝶豆花泡製的茶，帶點淡淡的豆香味，加入檸檬汁就會轉為美麗的紫紅色。

檸檬冰沙
Lemon Shake
泰國的檸檬冰沙，配嗆辣的泰國菜最適合不過了。

香蘭茶 Pandan
香氣特殊，可從超市買茶包或香蘭茶葉回家泡。

木蘋果茶
Bael Fruit Tea
東南亞特產，是泰北常見的花草茶。

椰子汁 Coconut Juice
泰國椰子汁多又甜，這種烤過的椰子汁較香，非常推薦。

洛神花茶
Roselle Tea

雷公根汁(崩大碗)
Nam Bai Bua Bok

棕櫚汁 Palm Juice
超香醇的果汁，華欣地區的特產。

芒果汁 Mango Juice

薄荷汁 Mint Tea

檸檬紅茶 Lemon Tea

啤酒
有Sigha、Beer Chang、Leo Beer，其中較推薦Sigha啤酒。

Spy調酒
有各種不同口味，便利商店均有售。

蘇打水／玻璃瓶裝水
Soda Water

街頭小吃

各城市都有許多傍晚開始熱鬧擺桌的小吃區。這種小吃區最有趣的是，可以坐在某一攤，然後再把整條街的小吃都叫過來吃。只要點餐時告知自己的位置，老闆做好後就會端菜過來，屆時再付款即可。

海南雞飯
Chicken Rice

雞飯及豬腳飯是常見的小吃，但要小心醬料裡面的綠色小辣椒，不小心吃到，簡直就是將一顆小炸彈咬下肚。

炸雞
Fried Chicken

泰國人油炸功夫了得，炸雞肉時還會加入香蘭葉及蒜頭一起酥炸。

烤丸子、炸丸子
Look Shin Ping

泰國的國民小吃，肉丸、花枝丸、蝦丸、魚丸沾甜辣醬，的確好吃。

粥 Jok

泰國的粥熬得相當綿糊，打進一顆生蛋更香滑。

蚵仔煎 Hoy Tod

泰國人也很喜歡吃鐵板蚵仔煎，蛋皮煎得較為乾脆。

沙嗲 Sate

吃這迷你雞肉串時，記得要配上花生醬料、醃小黃瓜及洋蔥片吃。

烤肉及烤豬腸 Sai Mu Thot

烤花枝 Pla-Meuk Yang

烤香蕉 Klauy Ping

烤肉飯

烤肉飯是常見的簡餐。

玉米

泰國人也酷愛各種玉米小吃。

炸蟲

富含蛋白質，泰國人很愛的零嘴。

烤雞蛋 Kai Peank

常見的路邊小攤，記得加隨附的調味料，很香喔。

蛋包飯

蛋包飯也是常見的主食餐點，酥脆的炸蛋配上泰國香菜，尤其爽口美味。

簡單的一餐

一份烤肉、烤雞或青木瓜絲，配糯米就是簡單的一餐。

行家祕技 如何點湯麵

1 **Step** **選擇湯麵或乾麵**：告訴老闆要湯麵(Naam)或乾麵(Haeng)。

2 **Step** **選擇想吃的麵條**：麵條分寬的粿條(Kuay Tiew)、細米粉(Sen Mee)、中寬米粉(Sen Lek)、寬米粉(Sen Yai)、黃色雞蛋麵(Ba Mee)、冬粉(Woon Sen)，點菜時可手指給老闆看。

3 **Step** **選擇想吃的配料**：選擇要放櫃裡的哪些料，魚丸(Look Chin Pla)、牛肉丸(Look Chin Nua)、豬肉丸(Look Chin Moo)、雞肉(Gai)、牛肉(Nua)、豬肉(Moo)、魚(Pla)。或者直接跟老闆說Noodle Soup，老闆通常就會做綜合湯麵給外國遊客。

▲ 湯麵中放炸豬皮(Khaepmu)特別香，有些攤子會在桌上放一包(另外收費)

▲ 麵攤上的免費生菜，多為九層塔、豆苗、含羞草等

泰國用餐須知

讓我們先了解一下在泰國用餐時須注意哪些事項,以便盡情享受泰國美食與服務。

如何點菜

泰國人的用餐方式跟台灣人很像,除非是簡餐式餐廳,否則也是點合菜,大家共享。進餐廳入座後,可先點飲料,再慢慢看菜單點菜。

菜單解析

菜單通常會依照前菜、主餐(肉、海鮮)、主食(飯、麵)、湯、配菜、甜點排列。

建議可以點1~2道前菜(如沙拉及酸辣生蝦)、一道海鮮(如咖哩螃蟹或烤蝦)及肉料理(如烤肉或咖哩),再依據主餐點白飯或炒飯、炒麵,再搭配一道湯及蔬菜。可以先不點甜點,吃完飯後,再看肚裡空間決定是否要點甜點。

飲料方面,冰啤酒很適合搭配泰國菜,不喝酒飲者,推薦點檸檬冰沙、薄荷冰沙,這類較清爽解辣的飲料。

| 路上觀察 | 泰國人早餐吃什麼 |

泰國人早餐也吃湯麵或飯,小旅館通常提供西式早餐。

▲ 泰國傳統早餐,跟中式傳統早餐很像

▲ 常見的西式早餐,包括烤麵包、炒蛋、培根、生菜

小費

帳單若已含10%的服務費,可不給小費,或者留下找的零錢。當然,若覺得服務特別好,也可以給你認為服務很好的服務人員。

飲食篇

道地美食哪裡找？

泰國外來客多，再加上泰國本身對於吃也很注重，因此食文化可是包羅萬象。從正式優雅的高級餐廳、溫馨輕鬆的小食館、風格咖啡館、強強滾的街頭小吃、便宜又大碗的商場美食街，應有盡有。若是短暫旅遊泰國，建議至少安排去一家高級餐廳、一家小食館、無數次的街頭小吃及美食街用餐。這麼一來，各種等級的食文化都可體驗到，泰國美食也就可以一網打盡了！

美食街

許多知名的餐廳都在百貨公司內開設分店，若不知道要到哪裡吃，可考慮百貨商場內的餐廳，如知名的Greyhound時尚餐廳、Nara、Banana Leaf、Taling Pling。此外，商場的美食街可比喻為冷氣版的路邊攤，價格雖比路邊攤貴，但至少可以舒舒服服地用餐，不必滿頭大汗嗑美食。而且很多商場的美食街都裝潢得漂亮又乾淨。

在美食街用餐，請先買卡或餐券，通常都要先拿現金到櫃檯換餐券或儲值卡（Cash Card），最後沒用完的話，再拿回櫃檯換回現金。記得要當天退回。到美食街用餐，建議每人可以先換200泰銖，現在有些美食街也接受用兔子交通卡付費。

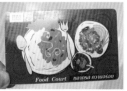

Terminal 21美食街
作者最推薦

曼谷的Terminal 21美食街是所有百貨商場中最便宜的，25泰銖就可吃到一碗湯麵，簡直比路邊攤還便宜，又可使用免費無線網路及吹冷氣！不過以美味度來講，Chitlom站的Big C及Amarin Plaza美食街最值得一試。

常見連鎖餐廳

■ **The Pizza Company**：泰國最常見的披薩連鎖店，還可上網預訂喔。

■ **MK火鍋店**：最大的泰式火鍋店連鎖店，另一系列MK Gold則可吃到各種經典泰國料理。

■ **年輕人最愛連鎖店**：kub kao kub pla、Bar-B-Q Plaza及AKA吃到飽燒肉店、Ros'Niyom泰式餐廳、After You泰式冰品，均深受年輕族群喜愛。

泰優雅,下午茶體驗
西式及泰式下午茶

泰國旅館所推出的下午茶,一家又比一家有特色,服務更是令人讚不絕口。近年來許多國際知名的茶館也紛紛在泰國設立精品茶店,到泰國不找家高級下午茶體驗一下,真是太可惜了!

一般高級旅館或風格咖啡館的下午茶都會推出三層式傳統英式或泰式下午茶,不想吃太多者,也可單點飲料及甜點。有哪些特別推薦的下午茶地點呢?

大倉新頤
Okura Prestige Bangkok

http www.okurabangkok.com / ✉57 Wireless Road / ➡BTS Phloen Chit站

非常超值的巧克力盒下午茶(Chocolate Box)及傳統下午茶(Traditional Afternoon Tea),服務也非常專業,另也相當推薦週末自助早午餐。

The Gingerbread House Bangkok

✉47 Dinso Rd, Sao Chingcha, Phra Nakhon, Bangkok / ➡MRT線Sam Yot站步行約10分鐘

位於曼谷古城區百年老柚木屋裡的泰式傳統下午茶,推薦點份套餐,即可品嘗各式經典泰式甜點。

(圖片提供 / Okura Prestige Bangkok)

曼谷文華東方
Mandarin Oriental Bangkok

http www.mandarinoriental.com/bangkok / ✉ Mandarin Orietnal Hotel / ➡ BTS Saphan Taksin站，轉搭旅館的免費接駁船

　　曼谷最經典的午茶地點，在優雅的茶室提供西式、泰式及蔬食茶點，宛如置身1900年代茶室。

(以上圖片提供 / 曼谷文華東方)

The Mustang Blu

http www.facebook.com/themustangblu / ✉ 721 Maitri Chit Rd, Khwaeng Pom Prap, Khet Pom Prap Sattru Phai, Bangkok / ➡ 由Hua Lamphong地鐵站步行約5分鐘 / ⁉ 每人至少需點2份餐點

　　百年老銀行改建的奢華旅館，內部設計獨具頹舊美學，竟連長頸鹿也出現在這奇特的場景中。餐點為西式餐點、甜點與創意飲品。

曼谷華爾道夫
Waldorf Astoria Bangkok

http www.waldorfbangkok.waldorfastoria.com / ✉ 151 Ratchadamri Road / ➡ BTS線Chitlom站步行約5分鐘

　　曼谷最新的奢華酒店在最具華爾道夫經典色彩的Peacock Alley供應下午茶，茶點充滿法國甜點師傅的巧思，完美融合了泰式及歐式手法，馬卡龍尤其美味。

(以上圖片提供 / Waldorf Astoria Bangkok)

PLUTO.cnx

http www.instagram.com/plu_t___o / ✉ Mu Ban Lanna Villa Alley, San Phi Suea, Chiang Mai / ➡ 由古城搭車約15分鐘車程

清邁近年最夯的網紅店，整座建築猶如荒野中的幽浮，建築內部的結構、光影相當有趣，飲料價位合理，餐點也有一定水準。

Laan Cha Tea Terrace - Raya Heritage

http rayaheritage.com / ✉ 157 Moo 6, Tambol Donkaew / ➡ 距離清邁古城約20分鐘車程

Raya Heritage是以有機方式經營住房及餐飲的旅館，河邊還設了雅逸的茶座，讓客人在此享受別緻的有機茶點及悠閒的河濱午茶時光。

137 Pillars

http 137pillarschiangmai.com / ✉ 2Soi 1 Nawatgate Road / 💲 套餐單人700++，雙人1200++ / ➡ 由塔佩門搭車約10分鐘

綠意盎然又有質感的頂級旅館，在有歷史價值的百年老高腳屋中，提供優雅的午茶，而且現在的甜點是做得越來越有水準了。

Graph One Nimman

`http` graphdream.com／
✉ One Nimman／➡距離
古城約10分鐘車程

尼曼區新開設One Nimman商場內，有家非常專業的咖啡館，最推薦冰釀咖啡及創意咖啡，如鳳梨冰釀咖啡(No.29)、番茄冰釀咖啡(No.35)、義式甜點為發想的Panna Cotta咖啡等，都出奇地清爽美味。近年又多開了幾家分店，一家比一家潮。

Cheevit Cheeva

`http` cheevitcheevacafe.com／✉ 6 soi 7 Sirimangkhala-jarn Rd., Suthep／➡由One Nimman步行約7分鐘

清邁最著名的冰品、甜品店，以鹹蛋黃醬的創意冰品聞名，現也紅到曼谷了。雪花冰採純鮮奶製，確實相當美味、有創意(蛋糕不特別推薦)。

No.39 Cafe

`http` 臉書：no39chiangmai／✉ 39/2 moo10 T.Suthep／➡距離Nimman尼曼區約10分鐘車程

位於悟夢寺與Baan Kang Wat藝術村之間的咖啡館，池邊的木屋還設了個可從2樓一溜而下的滑梯，池畔邊擺設著可悠閒躺著放空的三角枕。除了咖啡飲品外，炭燒漢堡也美味喔！

泰國課程初體驗
泰國料理烹飪課

對烹飪有興趣者，何不找個早上或下午，參加當地的烹飪課程？一般老師會先帶學生到市場認識泰國食材，接著回教室，老師示範各種菜餚，再讓學生實際操作，最後一起享用餐點。由於都是實際操作的，所以不需太擔心語言不好無法上課，給自己一個接觸不同文化的機會吧。

清邁的烹飪課程選擇多，且價錢比曼谷還要便宜很多，一般市區半日課程約900泰銖起。清邁也有許多位於郊區農場的烹飪課程，老師還會在自家農場帶學員認識食材原生樣貌。這種課程的環境較為自然、開闊，且含接送服務。

曼谷Bai Pai烹飪學校 作者最推薦

很有心的Bai Pai創辦人，讓人可在烹飪學校各處看到泰國文化細節，學生到此不只學習烹飪，還可在充滿泰國文化的烹飪環境中，了解泰國生活。教學時也是廚師與助理一搭一唱，相當活潑有趣。

http www.baipai.com

清邁Sammy's烹飪學校

位於郊區的有機農場烹飪教室Sammy's Organic Thai Cooking School，可自行選擇要學習的料理，不需每個人都學習一樣的菜色。老師會帶學生到市場認識食材，回到教室後老師會先示範，再讓學生實際操作，最後一起享用自己做的美食。

⁉️ 抵達當地後可請旅館櫃檯代訂

路上觀察 泰國美食「醬」吃最對味!

最常見的兩種醬料：一為沾海鮮的綠辣醬，一為萬用的魚露辣醬。

泰國小吃攤的4大天王：酸、辣、甜、香(魚露)。

小心醬料裡面的綠色小辣椒，不小心吃到，簡直就是將一顆小炸彈咬下肚。

應用泰文 指指點點

辣 เผ็ด	不辣 ไม่เผ็ด	冰 เย็น	熱 ร้อน
水 น้ำ	茶 ชา	咖啡 กาแฟ	好吃 อร่อย
餐廳 ร้านอาหาร	外帶 ห่อกลับบ้าน	紙巾 ผ้าเช็ดปาก	洗手間 ห้องน้ำ
素食 มังสวิรัติ	米飯 ข้าว	不加冰 ไม่เอาน้ำแข็ง	不加糖 ไม่เอาน้ำตาล

推薦什麼菜嗎?
มีอาหารอะไรแนะนำบ้างไหม?

這附近有素食餐廳嗎?
แถวนี้ มีร้านอาหารเจไหม

海鮮餐廳
ร้านอาหารทะเล

我想點一樣的菜
ฉันอยากได้อาหารแบบนั้น
(ค่ะ)

有什麼喝的?
มีเครื่องดื่มอะไรบ้าง(ค่ะ)

可以再來一點飯嗎?
ขอข้าวเพิ่มได้ไหม(ค่ะ)

很好吃
อาหารอร่อยมาก(ค่ะ)

多少錢?
เท่าไหร่(ค่ะ)

請拿賬單給我
เช็คบิลด้วย
泰國人結帳時習慣說 เช็กบิล

購物篇
Shopping

在泰國，買什麼紀念品？

雖然泰國近年來經濟蓬勃發展，物價也逐漸上漲，不如以往便宜。然而，無論是曼谷的時髦設計品，還是獨具泰北文化特色的設計、手工藝品，依然讓人不得不放開手來大掃貨！

泰國必逛購物商圈

泰國政府近十年來積極推動設計產業，成功讓泰國設計蓬勃發展，無論是充滿時尚感的平價服飾、散發天然香氣的SPA保養品、洋溢著泰式幽默的生活雜貨，都讓各國遊客停不下手直直敗！

　　泰國購物重點城市以曼谷及清邁為主，兩個城市的購物重點大不同，曼谷的商品充滿獨具泰式特色的現代設計感，而清邁則是由泰北傳統美學，衍伸出各種有趣又充滿文化特色的小品。

百貨商場

　　泰國（尤其是曼谷）商場密集度高、競爭激烈，各家百貨都得拿出自己的本領，做出特色，才能成功吸引客戶群。也因為如此，泰國百貨商場都

相當有趣，除了專櫃設計獨特外，公共空間也極具巧思，並提供各種貼心服務，如：不需大包小包逛街的Handsfree Shopping服務（最後到服務台提領結帳即可）。

　　百貨公司的價位雖較高，但若遇到打折，仍然可以買到許多超值商品，尤其是當地的設計品牌（泰國關稅高，國際品牌的價位也較高）。

■ 優惠不錯過

　　許多百貨公司均提供遊客5%的優惠，Siam Paragon集團的百貨公司超市也可享5%遊客優惠，超過退稅額再享7%退稅。結帳時只要告知是外國遊客即可，需要退稅者，服務人員會要求查看護照，以便輸入退稅資料。百貨商場內也常有特價區（通常在1樓中庭或頂樓），可買到5折或更低折扣的知名品牌服飾、鞋。

行家祕技　如何看懂泰國標價

　　泰銖的幣值跟台幣相當，可以等值視之。不過泰國許多旅館房價或餐費，常會在數字後面看到++的符號（如2,000B++），這代表什麼意思呢？

　　由於泰國消費會收取7%稅金及10%服務費，++表示費用加上7%後，再以此金額加上10%的服務費。

大商場

若想買一些便宜、實穿、好用,或者較具泰國風情的服飾、用品,或傳統草藥品等,這些物品在Big C、Tesco、家樂福、萬客隆這類的大商場裡都可以買得到,而在超市外圍大都還設有許多平價商店。此外,Robinson百貨也是比較屬於國民百貨,通常會與Big C這類的大商場,設在當地居民較多的住宅區。

藥妝店

Boots、屈臣氏這類的藥妝品店隨處可見,可買到各種化妝保養品、痠痛藥品、生活衛生用品。一般藥妝店設有藥劑專區,有合格的藥劑師,噴霧蜂膠這類的藥品需向藥劑師購買。

行家祕技 泰國購物注意事項

購物禮儀

進店門記得跟店家做個眼神的接觸,微笑問好,這樣要殺價才好談嘛。看東西時,先詢問店家是否可以拿起商品來看,或請店家拿給你看。若真想買才殺價,不要殺完價後又不買。

最近幾年泰國物價飛漲,商品議價空間不大,可三五好友合購,大量購買議價空間較大,尤其是水門市場這樣的批發區。

付款方式

一般百貨公司、商場、大型超市均接受刷卡。小商店、市場則僅接受現金。

營業時間

百貨商場多為10:00～11:00開始營業,晚上21:00～22:00結束營業。一般商店09:30～18:00。

折扣時間

夏季折扣:6～8月底,冬季折扣:1月。

時間有限，教你逛重點百貨

泰國百貨商場這麼多，我的時間又很有限，到底要逛哪幾家好？若只有4～5天的旅遊時間，建議可將火力集中在Siam Paragon、Siam Center、Siam Discovery、MBK、ICONSIAM及Terminal 21。若想逛市集，可再加上Asiatique或週末洽圖洽市集。

Siam Paragon

是最華麗、品牌齊全的百貨公司，幾乎所有泰國必購都可在商場或超市買到，美食街的國民美食齊全，各知名餐廳也都在此開設分店。但整體面積大，所以逛起來會比較累，我自己比較喜歡逛迷你版的Emporium百貨。

Terminal 21

就像是冷氣版的洽圖洽週末市集，成功召集泰國小品牌入駐，每一層樓以一個城市為設計

主題，就連廁所都讓人忍不住直拍照，成功打造出一個價格合理的嬉活商場；除了平價商店外，還有許多風格餐廳及超平價美食街。

Siam Center、Siam Discovery

採購泰國當地設計品牌的最佳地點，集結所有知名泰國設計品牌，而且改裝後的商場，更是完美呈現出泰國時尚設計感。

MBK國民百貨

曼谷另一家屹立不搖的購物中心，同樣位於暹羅商圈的MBK百貨，價位卻與Siam系列購物中心完全不同，走的是親民的國民商品。服飾、鞋子、行李箱、藥妝、超市、電子用品等，應有盡有，幾乎生活上所需的用品，在這裡都可找到，就連行李寄放處、補習班、學生K書中心都自在其中。

ICONSIAM河濱購物中心

以整體規畫來講，ICONSIAM不只是一家購物中心：打造為室內水上市集的美食街、購物商場外的水舞、樓上的露台觀景區、商場內的泰國工藝設計品區等，已經成為昭披耶河沿岸必訪的景點之一。

其他地區

以Central集團的百貨商場為主，品牌屬中上價位，以中產階級消費群為主。以清邁來講，最大的百貨商場為Central Airport Plaza及Central Festival，普吉島、芭達雅的Central Festival均為充滿度假風的商場，散發歡樂的優閒氣息。結合度假村概念所設計的商場，較為悠閒歡樂。

泰愛買，必敗商品
保養品推薦買

■ Mt. Sapola
品質好，價格又不是太高貴的保養品牌。香茅系列的洗髮精、沐浴乳、身體乳液都很推薦，另也有薑及香茅的泡澡鹽(Ginger & Lemongrass)、山竹果(Magosteen)及檀香手工皂(Sandalwood)、整組旅行包 / www.mtsapola.com

■ Thann
高科技萃取天然植物精華，以各種護膚產品及SPA產品為主。按摩油、身體乳液及護唇膏都很受好評 / www.thann.com.tw

■ Erb
以泰國古法研發的護膚產品，東方美人系(Eastern Treat)的去角質霜(Body Scrub)及沐浴乳(Shower & Bath Cream)最受歡迎 / www.erbasia.com

▲竹簍包裝天然香皂，適合送禮　▲身體去角質產品

■ Karmakamet
推薦各種特調的花草茶及味道獨特的百分百純天然精油 / www.karmakamet.co.th

■ Panpuri
採用天然有機素材的泰國頂級保養品，放鬆效果佳，推薦精油產品(如特調的Catch Your Breath Essential Oil)及牛奶浴按摩二合一精油(Inner Peace Honey Milk bath & Body massage oil) / panpuri.com

■ Harnn
以茉莉香米聞名(Jasmine Rice，含抗氧化絕佳的米麩油成分)，味道也獨具東方含蓄美 / www.harnn.com.tw

■ 滾珠精油

滾珠瓶裝的精油，相當方便使用，會是女孩們最愛的伴手禮

■ Srichand Powder

泰國老牌面膜香粉及控油美白的蜜粉產品

139ºº   90ºº   55ºº

■ 興太太香皂

便宜又好用的興太太香皂及精油

■ 常見精油中英文對照表

香茅 Lemongrass	玫瑰 Rose	迷迭香 Rosemary	薄荷 Mint	洋甘菊 Chamomile
山竹果 Mangosteen	薰衣草 Lavender	歐薄荷 Peppermint	薑 Ginger	羅望子 Tamarind
茉莉 Jasmine	檀香 Sandalwood	蘆薈 Aloe Vera	依蘭依蘭 Ylang Ylang	尤加利 Eucalyptus

應用泰文 指指點點

退稅 ขอคืนภาษี	小號 ไซด์เล็ก S	中號 ไซด์กลาง M	大號 ไซด์ใหญ่ L	最大號 ไซด์ใหญ่พิเศษ XL
顏色 สี	黑色 สีดำ	白色 สีขาว	紅色 สีแดง	黃色 สีเหลือง
藍色 สีฟ้า,น้ำเงิน	紫色 สีม่วง	咖啡色 สีน้ำตาล	綠色 สีเขียว	粉紅色 สีชมพู
灰色 สีเทา	橘色 สีส้ม	多少錢？ เท่าไหร่	算便宜一點 ลดได้ไหม	什麼尺寸？ ขนาดเท่าไหร่
便利商店 ร้านสะดวกซื้อ				

泰愛買，特色商品
泰國創意雜貨

許多有創意點子的泰國年輕人，會在路邊、市場、小店放著自己的創意商品，這些可都是獨一無二必掃貨！

名片夾、手機袋、
皮夾、筆記本皮套

哪裡買？

曼谷及清邁週末市集、市區個性小店、百貨公司創意生活文具樓層。

飾品架

藤編涼鞋

民俗風飾品

藤編包

天使燭台

手作陶藝品

購物篇

好穿的繽紛夾腳拖

60

芬香蠟燭

創意布包、零錢包

手繪筆記本

Propaganda品牌的Mr. P

照片提供／
Propaganda

抱枕套

創意棉T

大象項鍊

文青風平價錶

創意吊飾

泰愛買，特色商品
經典泰國風

泰 國文化特色強烈，旅遊泰國，當然
要買些亦或舒適又實用、亦或看了
開心的經典泰風產品。

哪裡買？

百貨公司生活用品樓
層、大商場、市集、觀
光區。

大象娃娃

泰北風童褲

手提布包

莎拉低咖小白兔玩偶

麻編包

大象造型調味罐

少數民族風服飾

泰北少數民族風布包

購物篇

佛像木雕

泰北青瓷

燈籠褲及飛鼠褲

泰國傳統沙龍

連身花裙

皇家級瓷器用品

天然植物染織品

清邁陶瓷

精油台

泰拳褲

泰愛買，特色商品
安心藥品

熱敷產品

許多亞洲遊客到泰國，還不忘了搜購
各種具有神奇效果的泰國藥品。

哪裡買？

Boots及屈臣氏藥妝店、藥房、市場、超
市、便利商店，隨處可見。

八仙薄荷清涼油

噴霧式蜂膠

藥草膏

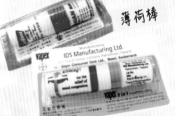

防蚊大作戰：
防蚊貼、防蚊液、防蚊磚

薄荷棒

五塔散

上標油

B 30.00   B 85.00

虎標藥膏

痠痛藥膏

B 100.00   B 65.00

B 145.00   B 135.00

泰愛買，特色商品
潮流服飾

最 近幾年泰國服裝設計大放異彩，各品牌的風格都不盡相同，因此總能搜刮到一些設計獨特的服飾品。除了泰國設計品外，國際知名的中價品牌，如COS、Forever 21、Zara等，在曼谷也都設有分店。(潮流服飾還是以曼谷為主)

哪裡買？

Siam　Square小店、洽圖洽週末市集1~5區、Asiatique河濱夜市、Terminal 21、Siam Center、水門市場。

時尚鞋款

時尚包款

手拿包

手環

清邁的Central百貨平價鞋店

民族風飾品

當地設計品牌

泰國泳裝設計品牌

SEA SALT & VINEGAR

內衣，許多知名品牌在泰國的價位較低(如華歌爾)

泰便宜，瘋掃超市
7-11就近購

目前全國共有1萬多家7-11，是最便利的購物點，讓我們來看看到底有什麼好買的。

黑色招牌全家便利商店

現在泰國還有升級版的黑色招牌全家便利商店，闢有遊客商品專區。

雜誌書報區

泰國的八卦雜誌可媲美英國，國際雜誌更是齊全。

彩妝衛生用品區

泰國明星代言的美白產品、小包裝面霜、眼霜、防曬霜、沐浴乳、洗髮乳、爽身粉、體香劑、隨身包防蚊巾、小包裝洗衣粉。

各種小瓶裝防曬用品、洗面乳、洗髮、沐浴乳、BB霜

藥品區

薄荷棒、聞香瓶、藥草膏、清涼膏Tiger Balm。

隨身包防蚊巾

各式藥品、防蚊液

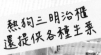

熱狗三明治櫃
還提供各種生菜

各種健美茶及水果茶，
如水蜜桃冰茶

熟食區

各種泰式熱狗、飯、麵、三明治，只要微波即可食用。

到櫃檯付錢拿取杯子，
就可自己裝冰塊及飲料

冬陰功口味
的全蝦

零食區

小老闆海苔、Pocky、洋芋片、泡麵、泰國奶茶包、魷魚絲、香蕉脆片、大哥豆、羊乳片(分原味及棕色的巧克力口味)。

涼感衛生棉

泰式便當及傳統甜點

Pocky，尤其是泰國
限定的香蕉口味最
受歡迎

泰便宜，瘋掃超市
食品、生活用品

泰國實在是太好買，就連超市、便利商店都會讓人失心瘋狂掃貨。

哪裡買？

Big C、Tesco Lotus、Tops、Villa Market等。若想買較精緻的食品，Siam Paragon、Emporium、K Village附設的 Gourmet Market、美術館紀念品店及皇家計畫商品店(Royal Project)，是很棒的購買地點。

彩色蚊香

泰式咖哩、打拋肉、酸辣湯調理包

皇家蜂蜜

辣魷魚片

泰北茉莉綠茶

皇家生薑足包

泰國花襯衫

Doi Tung所產的香辣夏威夷豆

泰國香皂

如何退稅

遊 客在泰國貼有退稅標籤的店消費，超過退稅額度，可退回7%的稅金。退稅額度：同一天在同一家店消費超過2,000泰銖。一般百貨公司均可退稅，超過退稅額度，可到退稅服務台拿取退稅單。

退稅金額對照表

退稅步驟 Step by Step

Step 1 在一家店消費超過2,000泰銖，且該商店貼有VAT Refund標示（並不是所有店家都可退稅），可請店員辦理退稅。店員準備退稅單，列出退稅額，消費者填寫英文姓名、護照號碼、地址等個人資料並簽名。

Step 2 目前可選擇市區退稅或機場退稅，雖然機場退稅拿到的退稅額度較高，但也需花較多時間排隊。無論選擇在哪裡退稅，抵達機場辦理登機手續前，均須拿退稅單及商品至海關處檢查退稅商品，取得核可章，才能完成退稅。

Step 3 取得退稅核可後，至自己的航空公司櫃檯辦理登機手續。

請注意 入關檢查也需要一點時間，入關後的退稅處通常需要排半小時以上，須辦理退稅者，務必提早抵達機場。

Step 4 拿好退稅單、護照、登機證、手提行李通關，檢查護照。

Step 5 入關後，依循VAT Refund標示前往退稅櫃檯辦理退稅。

Step 可選擇拿取現金、退到信用卡的方式退稅。

請注意 若退稅隊伍太長來不及，可填寫好信用卡退稅資料，將退稅單放在信封中，投入退稅櫃檯旁的郵筒。

玩樂篇
Sightseeing

泰國，哪裡最好玩？

泰國每年的旅遊人數破千萬，觀光市場已相當成熟，旅遊花樣多采多姿，絕不
讓遊客無聊。

泰式慶祝初體驗
泰國新年潑水節

泰國潑水節，Songkran Festival(宋甘節)，也是泰國最重要的新年。全家人會一起到廟裡浴佛、參拜、帶食物到廟裡奉食給和尚，並準備小禮物拜訪長者及親戚朋友。這段期間，公共區域或商場中，也設有佛壇讓民眾浴佛祈福。

舉行時間

一般都是在4月13日起連續3天。

曼谷：主要戰區在Silom區(Sala Daeng / Silom站)及高山路、Siam Square、皇家田廣場及民主紀念碑。

清邁：環繞整個古城的護城河邊、尼曼路部分路段及Central Festival Chiang mai商場外，都是潑水戰區。清邁有取之不竭的護城河水，且整體環境也比曼谷單純許多，非常推薦大家到清邁體驗潑水節。

此外，芭達雅及普吉島也是潑水節激戰區。

潑水節必備水槍

如何體驗

當地人會與親朋好友一起坐上小貨車，載著一大桶水，拿著水槍、勺子，沿街與相遇的車子、路人大戰。以往也會有人帶著白色粉末抹路人的臉，以表祈福之意，但現在已經逐漸禁止。放開心盡情潑水吧，被潑水千萬別生氣喔！

注意事項

貴重物品不攜帶：出門不要帶貴重物品，可以買個防水袋，出門時只帶手機及500泰銖就好。

衣服穿著別太露：這幾年潑水節最嚴重的問題就是性騷擾，被襲胸或摸屁股之類的事件。建議衣服不要穿得太暴露。出去會溼了又乾，乾了又溼好幾次，盡量穿快乾衣服。

道路封閉勿移動：曼谷潑水節戰況最激烈的應該是Silom地區，Sala Daeng到Nararom這段路會封起來，讓大家盡情地潑。所以千萬不要想在這段期間從Silom地區換到其他區域的旅館，整個交通會是癱瘓的狀況，盡量不要移動，進去就不要出來，出來就別進去。

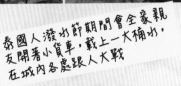

泰國人潑水節期間會全家親友開著小貨車，載上一大桶水，在城內各處跟人大戰

玩樂篇

泰式按摩初體驗
SPA泰享受

泰式按摩是世界聞名的，到泰國又怎麼能不體驗泰式按摩呢？泰國按摩源自印度傳統醫理，泰式按摩就像是別人幫你做瑜珈，著重伸展、撥筋順理、促進血液循環。

海島的沙灘按摩可別錯過

初次體驗如何挑選

建議可先選擇泰式傳統按摩或腳底按摩。或者也可選擇各家按摩中心的套裝療程，每一家都有自己的招牌療程(Signature Treatment)，基本的含足部按摩、泰式按摩，有些會加上泰式藥草球按摩，有些則加上精油按摩，或者足部、身體去角質、臉部療程。

作者最推薦

我自己最推薦的是熱石按摩及放鬆首選的熱精油按摩。若在外面觀光走了一整天，或者想避暑休息的話，找家便宜的按摩店按腳底或泰式按摩，是相當理想的避暑行程。

按摩有哪些種類

■ **泰式按摩(Thai Massage)**：全身的伸展按摩療程，適合工作壓力大或運動量較少者。

■ **腳底按摩(Foot Massage)**：只按足部及最後約10分鐘的肩頸頭按摩，適合在外爬走一整天的觀光客，這其實也是最具療效的。

■ **肩頸背按摩(Back Shoulder、Head Massage)**：特別針對肩頸背頭按摩，適合長期使用電腦者。

■ **精油按摩(Oil Massage)**：全身精油按摩，療程多是搭配泰式按摩，具放鬆效果。

■ **熱油按摩(Hot Oil Massage)**：將熱精油塗抹在身上的全身按摩，具深層放鬆效果。

■ **藥草球按摩(Herbal Compress / Herbal Ball Massage)**：各種泰式樂草包仕布包中，蒸熱後在全身各點按揉，促進血液循環。 **請注意** 有些按摩師熱度拿捏得不好，若太熱務必馬上跟按摩師反應。

■ **熱石按摩(Hot Stone Massage)**：將熱石沾上精油，快速在全身推按，非常舒服放鬆的療程。有些會將熱石放在身體穴點上(鋪上一層布)，若太熱也要趕快跟按摩師反應。

■ **四手按摩(Four Hands Massage)**：2位按摩師一起按，一左一右、一上一下，陰陽調和，也是相當推薦的療程。

■ **蘭納柚木按摩(Tok Sen Massage)**：泰北蘭納特有的療程，借助柚木棒敲點身體經絡，促進能量循環。

■ **桑拿(Sauna)**：按摩療程前先做桑拿讓肌膚放鬆、毛細孔打開，效果更佳。一般較好的按摩中心，加桑拿的費用為400～600泰銖。

如何選擇按摩中心

泰國街上隨處可見小按摩店，這樣的店通常不需先預約。但若是較知名的中價位按摩中心，建議最好事先預約。最熱門的時段通常是晚間，早上客人較少，許多按摩中心會推出優惠方案。

有些街頭按摩其實也按得很好，如清邁週末夜市的戶外按摩，許多按摩師都已經在此工作多年，經驗豐富。但街頭的便宜按摩店有些並非純按摩，不確定的話，建議選擇多人共用一室的腳底按摩療程。

其他療程

除了按摩之外，還可做去角質及臉部療程：
- 身體去角質(Body Scrub)
- 足部去角質(Foot Scrub)
- 臉部療程(Facial Treatment)
- 手指甲美容護理(Manicure)
- 腳指甲美容護理(Pedicure)

SPA按摩預訂小紙條

熱門按摩中心記得先電話或E-mail預約：

Name(姓名)：

Date(日期)：

Time(時間)：

Person(s)(人數)：

Treatment(療程)：

按摩價格一覽表 (以1小時泰式傳統按摩為例)

種類	費用	備註
夜市按摩	200～300泰銖	有些足部及泰式按摩品質並不輸小按摩店。
家庭式按摩店	250～600泰銖	按摩品質參差不齊，建議按泰式或足部按摩就好。
平價按摩中心	450～600泰銖 精油按摩約400～750泰銖	建議按泰式、藥草包或足部按摩，有信譽的評價按摩中心也可考慮精油按摩，但肌膚敏感者不建議。
中價按摩中心	600～1,200泰銖 精油按摩約1,200～1,800泰銖	環境已算不錯，使用的按摩產品也有一定品質。
高價按摩中心	800～6,500泰銖 精油按摩約2,000泰銖起	按摩、精油產品非常講究，多為進口高級產品或有機產品。建議旅程中可安排一家高級按摩中心享受一下。
熱石、四手按摩	中上價位的按摩中心約2,500泰銖	並不是每家按摩中心都有，需特殊訓練，因此價位會比精油按摩高一點。

玩樂篇

一般按摩步驟教學 Step by Step

Step 1 清涼茶飲及毛巾

Step 2 選擇按摩療程

Step 3 填寫身體狀況及按摩力度
若有懷孕、過敏、手術、骨頭問題者，務必告知按摩師。

Step 4 腳底按摩或泰式按摩會先洗腳

Step 5 進入療程房

Step 6 換寬鬆服飾或沖澡
泰式或腳底按摩，換寬鬆的服飾（若原本就穿寬鬆褲子也可不換）；精油按摩可先沖澡，換上浴袍及按摩中心準備的衛生內褲（不著內衣），趴躺在按摩床上。

Step 7 開始按摩
按摩師開始按摩，精油按摩按完背面後再翻身，最後坐起來按肩頸。若覺得力道、溫度有問題，隨時向按摩師反應。

Step 8 結束療程
精油按摩者，療程後不要沖澡，可讓精油停留在身上約2小時。

Step 9 出按摩房、喝熱茶

Step 10 付款及給小費
小費可以以按摩費的10%為基準抓整數，若是你覺得按摩師按得特別好，當然也可以多給一點小費。

按摩禁忌須知

- 按摩時盡量不要大聲聊天或講電話，讓其他客人也能安靜享受按摩。
- 盡量在預訂時間前15分鐘抵達，可先開始預備流程。
- 有任何不舒服的地方，要盡快跟按摩師反應。
- 有些按摩中心也特別針對懷孕婦女及小孩設計療程。
- 傳統泰式按摩(Traditional Massage)為力道較強的按摩方式，年長者可選擇皇家按摩法(Royal Massage)。
- 盡量吃飽飯後30分鐘再按摩。
- 女性建議要求女性按摩師。

So SPA

曼谷

✉ Sofitel So Hotel，2 North Sathorn Rd. / ☎ (02)624-0000 / ➡ MRT線Lumphini站，3號出口

　　曼谷精采的設計旅館So Hotel附設的按摩中心，整個按摩中心的設計，就好像讓人走進一座奇異森林中，尤其是晚上光影的照射，很有趣。而這裡的按摩床更是提供最頂級的舒適感，按摩技術也很值得推薦。由於旅館本身是以五行為設計概念，因此按摩中心的療程設計也秉持著這樣的概念，設計出招牌的五行按摩療程。療程中使用了金、木、水、火、土等元素，藉以促進血液循環及呵護肌理。

Infinity Wellbeing/ Infinity Spa

曼谷

✉ 22 Sukhumvit Soi 20, Khlong Toei, Bangkok / ☎ (02)026-3950 / ➡ BTS線Phrom Phong或Asoke站步行約12分鐘

　　全然不同於傳統按摩中心的Infinity Spa，開設在Silom區，以中價位又專業的按摩服務，以及清新雅致的時尚設計大受肯定，近年在蘇坤蔚路開設了第二家分店，並承襲Infinity Spa獨有的蒂芬尼藍設計。這種等級的按摩中心，精油及衛浴設備均達一定品質，推薦選擇精油類按摩及身體去角質療程。也提供適合孕婦的按摩療程。

Wat Pho臥佛寺按摩 曼

✉ Wat Pho臥佛寺內 / ☎ (02)221-3686 / ➡ 8號Tha Tian船站或MRT線Sanam Chai站

　　最正統的按摩學校，臥佛寺裡面及外面設有兩間按摩中心。

BHAWA SPA 曼

✉ 83/27 Witthayu Soi1(Wireless Rd.) Lumpini / ☎ (02)252-7988 / ➡ Phloen Chit站5號出口，步行約7分鐘

　　優質又心善的按摩中心，捐出15%收入進行慈善教育專案。

Let's Relax Thonglor 曼

✉ Grande Centre Point Hotel / ☎ (02)042-8045 / ➡ BTS線Thonglo站轉搭接駁車或計程車

　　中低價位、環境棒的連鎖店，這家分店還設有溫泉桑拿設施。

玩樂篇

Once Upon A Thai Spa 受

📍 www.onceuponathaispa.com /
✉ 8/7 Sukhumvit 28, Bangkok / 📞
(092)292-97996 / ➡ BTS線Phrom
Phong站4號出口步行約5分鐘

精油使用純天然植物萃取成分融合甜杏仁基底油，採用泰北傳統技法，提供顧客最放鬆的按摩療程。

照片提供 / Once Upon A Thai Spa

Divana SPA 受

✉ 10 Srivieng Silom / 📞 (02)2236-67
88～9 / ➡ BTS線Surasak站，1號出口

對待客人有如皇后、公主，整體環境相當優雅，設有美容診所。

Urban Retreat 受

✉ 348, 1 Sukhumvit Rd. / 📞 (02) 2229-
4701 / ➡ BTS線Asok站，4號出口左手邊樓梯下去

中價位且頗受好評的按摩中心，套裝療程較划算，務必先預約。

照片提供 / Urban Retreat

靜DIORA Luxe Sukhumvit 受

✉ 4 Sukhumvit 12 Alley, Khwaeng
Khlong Toei / 📞 (02)042-2929 / ➡
BTS線Asoke站步行約5分鐘

中價位的按摩中心，按摩品質與環境都維持在一定水準。

照片提供 / DIORA

Body Tune 受

✉ 518/5 Maneeya Center Bldg. 1樓
/ 📞(02)253-7177 / ➡ BTS線Chit Lom
站步行約3分鐘

品質算不錯的平價按摩中心，營業時間較長，夜間按摩的好選擇。

Asian Herb Association 受

✉ 598-600 Sukhumvit Rd. / 📞 (02)
204-2111 / ➡ BTS線Phrom-Phong站
6號出口

日本開設的老牌按摩中心，Benchasiri Park新分店頂樓還規畫為泰、日新銳藝術家藝廊。

at ease 受

✉ 20/6 Soi Sukhumvit39 / 📞 (086)327-
6497 / ➡ BTS線Phrom Phong站

提供平價、乾淨、又札實的日式按摩。

7 SPA Luxury Pattaya

芭達雅

📍 7spaluxury.com / ✉ 7 Thap Phraya Soi 10 / ➡ 可由市區搭前往中天沙灘方向的雙條車，預訂套裝行者者，享免費接駁服務

按摩手法與其他按摩中心略微不同，是家傳的按摩技巧，且使用的藥草全為當天鮮做的特調配方。環境布置相當優雅，現代中帶出泰國文化，設有桑拿室，服務也相當專業，應該是芭達雅本土最值得推薦的按摩中心。

U SPA　清邁

http uhotelsresorts.com／✉ 70 Rachada-mnoen Rd.／➡ 由三王紀念碑步行約5分鐘

　　這應是高級旅館中，價格相當親民的按摩中心，且按摩環境非常好，就位於百年老柚木屋中，整體擺設與布置都很優雅，服務及按摩技巧也相當專業。

Loi Kroh Massage　清

http loikrohmassage.com／✉ 242/25 Moo2 Tanaboon Property, T. Sampakwan, A. Hangdong

　　清邁最專業的按摩中心之一，現搬到郊區，改以教授按摩課程為主，有興趣學習泰式按摩者，相當推薦這家按摩學校。

Varich Massage & Spa　清

✉ 31 Suk Kasame Rd.／☎ (0918)600-692

　　位於尼曼路巷內的平價按摩中心，按摩師的手法專業扎實。

Rarin Jinda Wellness SPA　清

✉ 1, 14 Chareonraj Rd.／☎ (053)247-000／➡ 位於古城區外，Warorot市場對面的河濱

　　環境與技術都好，也有住宿。

女監獄百年木屋按摩　清

✉ 100 Rachvithi Rd.／☎ (053)210-824／➡ 由三王廟步行約6分鐘

　　按摩師是女受刑人、接待櫃檯則是女警的特殊按摩地點，價格非常便宜。

Nimman House　清

✉ 59 10 Nimmanahaeminda Rd.／☎ (053)218-109／➡ 位於尼曼區17巷旁（近清邁大學），Warm up夜店對面

　　雖是平價按摩，環境布置用心，隨處可見泰北美學。

週末Walking Street夜市按摩　清邁

　　夜市按摩師傅中，有些經驗老道，雖然平價，但其實也很能達到放鬆功效，逛夜市逛累了，不妨選一攤喜愛的坐下來享受足部或肩頸按摩。

Fanh Lanna

清邁

✉ 57/1 Wiang Kaew Rd.(Night Bazaar觀光夜市小巷另有平價分店)／☎ (053)416-191／➡ 靠近Jabhan Rd.，由三王廟步行約8分鐘

　目前在清邁共有3家分店，靠近Night Bazaar觀光夜市的分店，小而親切；而古城內與尼曼路的最新分店，則完美詮釋泰北風格，從整體環境到店內的各個細節，都可讓客人既是按摩，又置身於泰北生活文化中。

Sense Massage

清邁

✉ Somphet, 191/2-3 Mun Mueang Rd.／☎ (090)320-2778

　按摩中心的設計風格清新甜美，相當惹人喜愛，按摩手法也專業。目前清邁共有兩家分店。

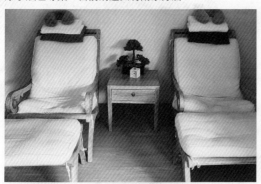

The Slate

普吉島

http www.theslatephuket.com／✉ Indigo Pearl Hotel, Nai Yang Beach and National Park／☎ (076)327-006／➡ 由機場約15分鐘車程

　你曾在鳥巢般的樹屋享受按摩嗎？Indigo Pearl旅館特別聘請泰國設計師Bill Bensley創造出一個溫暖的巢，讓客人就像安居在巢裡的小鳥，可以自由呼吸、享受。這家按摩中心不只環境特別、服務貼心，按摩手法也非常細緻，尤其是腳踝到小腿的部分，各點及筋理的推撥都很到位，不禁讓人在心裡按了個讚。此外，著名的Let's Relax按摩中心在巴東鎮也設有分店。

泰式夜生活初體驗
曼谷・清邁夜泰美

泰國夜生活可精采了，無論是令人讚嘆不已的歌舞秀，或者是亞洲遊客最愛的夜市，慵懶的現場音樂，熱力四散的夜店酒吧，或者你只是想安靜的喝點飲料、欣賞夜景，曼谷也有許多屋頂酒吧，真是應有盡有！

精采表演秀推薦

傳統歌舞晚餐秀

許多高級旅館推出晚餐秀，可點套餐或單點，一面享用泰國傳統食物，一面欣賞傳統音樂及婀娜多姿的舞蹈，通常還會包括泰拳表演(文華東方、Sheraton Orchid等)。

蘭納晚餐秀

清邁還有特別的蘭納晚餐秀(Khum Khantoke或Old Chiang Mai Culture Center)，可欣賞蘭納獨特的指甲舞、燭光舞及音樂表演，並享用蘭納傳統康托克餐，是品嘗傳統蘭納餐及觀賞蘭納歌舞的最佳安排。
http www.oldchiangmai.com/oldcm

泰拳

泰拳可說是泰國人的國民運動，晚上多有比賽場次，而且是過22:30以後，越夜越刺激。

人妖秀

泰國獨有的人妖文化(Ladyboy)，他們精采柔媚的歌舞表演，也讓泰國夜更精采了。每場表演都像萬國秀，將各國文化搬上舞台。

傳統文化秀

著名的Siam Niramit暹邏天使劇場秀，將泰國傳統神話融入劇中，由上百位演員，活靈活現地呈現出泰國神話與歷史，可真是一場豐富的文化饗宴。
http www.siamniramit.com

夜間動物園

清邁也有夜間動物園，園內秀及活動一場接一場，好豐富的夜間活動！

玩樂篇

晚餐遊船推薦

　　曼谷夜可選擇搭乘昭披耶河遊船，欣賞沿途美麗的歷史遺跡，還可在船上享用餐點及欣賞傳統音樂與舞蹈表演。尤其推薦曼谷香格里拉酒店的香格里拉號遊船，不但可享五星級旅館的專業服務，還可在豐富繽紛的自助餐點圍繞下，優賞曼谷最經典的夜景，包括回程近距離欣賞夜燈下的鄭王廟佛塔。

曼谷：httpp出發前先至KKday網站預訂，可享優惠價

清邁：httpwww.theriversidechiangmai.com／🕐19:15登船，20:00開船，船程75分鐘／✉The Riverside Chiang Mai／📞(053)243-239／💲船票每人150泰銖，點餐式晚餐

夜店酒吧推薦

星空酒吧　　　　　　　　　曼

　　目前最熱門的星空酒吧為The Standard設計酒店的Sky Beach，位於泰國最高的建築King Power Mahanakhon頂樓，白天可購票上樓參觀。另有因《醉後大丈夫》紅極一時的最著名的為Sirocco酒吧(Le Bua Hotel)，此外MoonBar(Banyan Tree Hotel)、河濱的Three Sixty(Millennium Hilton Bangkok)、Sofitel Sukhumvit及Sofitel So頂樓酒吧也很推薦，Soi 11的Above 11及萬豪酒店的ABar Rooftop屋頂酒吧、Red Sky再上一層的CRU香檳酒吧，也都是蘇坤蔚路沿線的熱門酒吧。

夜店區　　　　　　　　　　曼

　　RCA是最瘋狂且選擇最多的夜店區，Sala Daeng區較多Go Go Bar聲色場所，Thong Lo／Ekamai的夜店區較優質，許多酒吧也有現場樂團表演。近年在河濱新開的四季酒店，其附設酒吧BKK Social Club，是城內最高檔、熱門的酒吧。

North Gate Jazz Co-Op　清

　　位於清邁古城牆邊的爵士酒吧，每週二晚上有很棒的爵士樂團現場表演，店裡裡外外站滿樂迷到此享受音樂，可別錯過這輕鬆、又高水準的演出。

上夜店須知

- **毒品麻煩拒上身**：注意毒品問題，有些夜店會有人過來兜售毒品，勿讓麻煩上身。
- **隨身物品不離身**：上夜店注意自己的隨身物品，尤其是高階手機，偷竊率滿高的。
- **離座飲料不沾碰**：別喝陌生人給的飲料，偶爾會有放迷藥、偷竊財物的事件發生。
- **入場費低消費高**：有些Go Go Bar的入場費很低或免費，但裡面的消費非常高，務必注意！
- **切勿單獨行動**：最好結伴同行。
- **別攔喊價計程車**：晚上回家計程車多為喊價，最好手機叫車或攔在路上跑的空車。

泰式禮佛初體驗
參拜泰國寺廟有學問

幾乎所有寺廟的屋頂都是綠、金、紅這三種顏色，因為這三色代表著佛祖、佛法及僧伽之意，也就是教導者、教義及追隨者。而一般人的房舍多為實用的高腳屋，以方便沿河而居，又可善加利用屋下的空間。

寺廟雕刻元素

瑪卡拉(Makara)及那迦(Naga)，這是泰國寺廟建築最常見的元素，張著嘴巴較無生氣的是瑪卡拉，張牙咧嘴的則是那迦。根據傳說他們是生長在湄公河的龍王，掌管水源，因此對於農業社會的泰國人來講，是相當重要的神獸。

參訪泰國寺廟最佳穿著

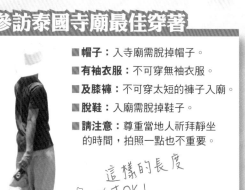

- **帽子**：入寺廟需脫掉帽子。
- **有袖衣服**：不可穿無袖衣服。
- **及膝褲**：不可穿太短的褲子入廟。
- **脫鞋**：入廟需脫掉鞋子。
- **請注意**：尊重當地人祈拜靜坐的時間，拍照一點也不重要。

這樣的長度才OK！

佛寺參拜步驟 Step by Step

Step 1 準備鮮花香燭

泰國人到廟裡一般只以鮮花及香燭放在佛像前參拜，在大殿上靜坐祈禱。

Step 2 貼金箔祈福

泰國人到廟裡會買金箔貼在佛祖身上祈福，為下輩子帶來財富。位置不同也代表不同的意義，如耳朵是父母、腳是子孫、肚子是愛情、手心是財運。不同的佛像姿勢，代表不同意義，右手指往下者為降魔印佛像。

玩樂篇

禮拜四面佛步驟Step by Step

四面佛,也就是掌管人間事的大梵天神,四面分別代表:知足常樂(手持棍),與人為善(手放心口)、敢做敢當(手持佛經)、樂善好施(法輪)。另一種說法是這四面分別掌管婚姻、愛情、事業、及健康。

Step 1 準備鮮花香燭
在廟中購買香燭及鮮花。

Step 2 順時鐘方向參拜
從手持棍的知足常樂面開始順時鐘參拜。

Step 3 點香祈求
點上一支香燭,報上自己的姓名、年齡、地址、祈求事項、還願方式。

Step 4 奉上香燭及花
拜完後,每一面奉上三支香燭及一串花。

Step 5 助禱
也可依願望大小僱請舞者助禱。

Step 6 沾聖水
最後沾聖水撒在頭頂、四肢。

Step 7 還願
據說願望實現後,一定要回來還願,同樣也請舞者謝神,或購買四面佛喜歡的大象雕像還願(依當初許願時的承諾還願)!

Step 3 投幣至缽中祈福
廟中會有108個缽,象徵佛祖從出生到涅盤的108個階段(108條經文)。另一種說法是這象徵人生在世的108種煩惱。可在廟內換零錢,將錢幣丟入一個缽中,代表消除一個煩惱,參拜完後,泰國人還會敲鐘祈福。

Step 4 開釋時間與靜坐禪修課程
許多寺廟有固定的和尚開釋時間(Monk Chat,許多是會說英文的和尚)。有些也開設靜坐禪修課程,包括針對外國人開的英文禪修課程。

到泰國要怎麼玩

泰國旅遊資源豐富多元，北有叢林活動、迷人的蘭納文化，中有優美的國家公園、絢麗的曼谷大都會生活，南有讓人放空度假的湛藍海島，端看你想要什麼樣的假期！

而為了因應大量的遊客，市區隨處可見旅行社，所有旅館櫃檯也提供當地行程、代購各種交通票、表演秀的服務。因此旅遊泰國可是相當便利，只要向旅館櫃檯或旅行社說明自己的需求，服務人員可協助辦理或介紹當地行程。當地行程通常含小巴士到旅館接送的到府服務，非常便利。

例如：你想參加清邁的叢林飛翔行程，只要前一天跟旅館或民宿櫃檯說，他們就會代為安排，隔天早上會有旅行社的巴士過來接客。費用可直接付給旅館櫃檯或接送時付給司機。一般都不需擔心想參加當地旅行團，人滿出不了團的問題。當地旅行社只怕你不參加，並不怕人太多。

小提醒：雨季不建議先訂海上行程，可抵達當地後，確認天氣好再請旅館櫃檯或找當地旅行社預訂，否則天候不佳硬出海，遇上大風浪，太刺激了。

▲ 隨處都有可買行程、車票、機票的旅行社

如何購買行程

人妖秀、Siam Niramit秀、泰拳等，這些表演票在旅行社購買便宜很多，曼谷幾家民宿都提供中文購票服務，另也有許多精心設計的行程：

線上預訂平台

KKday這類的平台，可直接線上訂購當地行程。同樣提供中文客服部，有問題均投訴有門。另外還有JingJingBKK，是台灣人開設的合法包車公司，也代訂各種優惠門票。

 www.jingjingbkk.com

🫘 豆知識

國民運動——藤球

藤球這個運動在泰國及東南亞國家可說是國民運動，大人小孩閒來就喜歡組隊踢球。藤球最原始的遊戲方式是互相踢球，不讓球落地。後來又慢慢發展為兩種較有趣的方式：一是腳踢式的排球，一是腳踢式的籃球。踢球時只能以腳及頭碰球，排球版是將球踢到對面，跟排球規則一樣；而籃球版則是將球踢進4.5公尺高的球框內。

曼谷 Bangkok

曼谷是泰國唯一的大都會，近年發展飛速，甚至有人將之比喻為亞洲的曼哈頓。許多國際公司在此設立亞洲分部，再加上大量的外國遊客，曼谷已儼然是東南亞最國際化的城市之一。

市區交通

公船或觀光船

大皇宮區可善用昭披耶河公船或觀光船、運河快船，沿路行經各大景點，下船後均可步行到景點，或搭短程計程車或嘟嘟車。盛桑運河快船則是前往古城最快捷的方式。

BTS空鐵捷運、MRT地鐵

蘇坤蔚路、Silom路、中央碼頭區均可搭BTS空鐵捷運，中國城、臥佛寺、古城區及洽圖洽週末市集，則可善用MRT地鐵線。另還有蘇萬納普國際機場到蘇坤蔚路的機場捷運線。

計程車、嘟嘟車或摩托計程車

多人共乘，非尖峰時間可善用計程車。短程可利用嘟嘟車或摩托計程車。

行程規畫

若只玩市區可安排3～4天行程，還想安排郊區景點的話，5～7天較充裕，郊區1～2天可選擇水上市集、安帕瓦及鐵道市集、大城、芭達雅、沙美島或華欣。

Day1
大皇宮周區景點
高山路或遊船晚餐
ICONSIAM購物中心水舞秀

Day2
水上市集
Siam/Chit Lom站百貨商圈
水門市場
下午茶
屋頂酒吧

Day3
週末市集、看秀
按摩(或Si Lom/Sala Daeng區)
EmQuartier購物中心
JODD FAIRS DanNeramit
神奇之地新夜市
Thong Lo夜店區

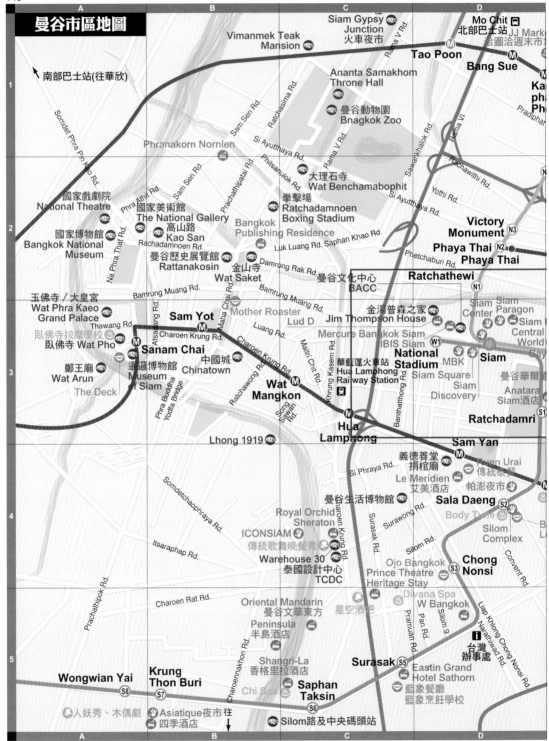

曼谷市區地圖

南部巴士站(往華欣)

Vimanmek Teak Mansion

Siam Gypsy Junction 火車夜市

Mo Chit 北部巴士站 JJ Market 洽圖洽週末市集

Tao Poon

Bang Sue

Ka pha Pho

Ananta Samakhom Throne Hall

曼谷動物園 Bnagkok Zoo

Phranakorn Nornlen

大理石寺 Wat Benchamabophit

拳擊場 Ratchadamnoen Boxing Stadium

Victory Monument

National Theatre 國家戲劇院

國家美術館 The National Gallery

Bangkok Publishing Residence

高山路 Kao San

Phaya Thai Phaya Thai

國家博物館 Bangkok National Museum

曼谷歷史展覽館 Rattanakosin

Ratchathewi

金山寺 Wat Saket

曼谷文化中心 BACC

玉佛寺／大皇宮 Wat Phra Kaeo Grand Palace

Sam Yot

Mother Roaster

Lud D

金湯普森之家 Jim Thompson House

Siam Center

Siam Paragon

臥佛寺按摩學校

Sanam Chai

中國城 Chinatown

Mercure Bangkok Siam

Siam Central World

臥佛寺 Wat Pho

IBIS Siam

National Stadium

Siam

鄭王廟 Wat Arun

暹邏博物館 Museum of Siam

華藍蓬火車站 Hua Lamphong Railway Station

MBK

曼谷華爾道

The Deck

Wat Mangkon

Siam Square

Siam Discovery

Anatara Siam 酒店

Ratchadamri

Hua Lamphong

Sam Yan

Lhong 1919

義德善堂 捐棺廟

Ruen Urai 傳統泰餐

Le Meridien 艾美酒店

帕澎夜市

Royal Orchid Sheraton

曼谷生活博物館

Sala Daeng

Body Tune

ICONSIAM 傳統歌舞晚餐秀

Warehouse 30 泰國設計中心 TCDC

Silom Complex

Ojo Bangkok Prince Theatre Heritage Stay

Chong Nonsi

Oriental Mandarin 曼谷文華東方

星空酒吧

Divana Spa

W Bangkok

Peninsula 半島酒店

Shangri-La 香格里拉酒店

Surasak

台灣辦事處

Eastin Grand Hotel Sathorn

藍象餐廳 藍象烹飪學校

Chi Spa

Wongwian Yai

Krung Thon Buri

Saphan Taksin

人妖秀、木偶劇 Asiatique 夜市往 四季酒店

Silom 路及中央碼頭站

地圖繪製／蔣文欣、許志忠

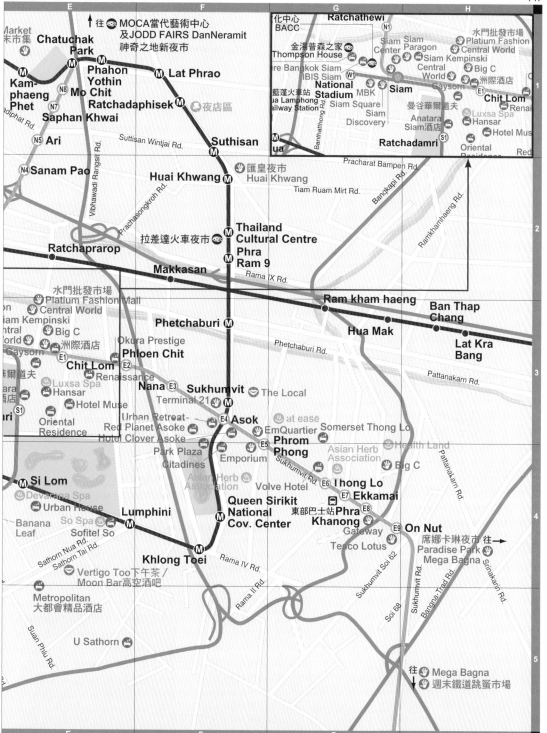

往 MOCA當代藝術中心
及 JODD FAIRS DanNeramit
神奇之地新夜市

Chatuchak Park

Kamphaeng Phet

N8

Phahon Yothin

Mo Chit

N7

Ratchadaphisek

Lat Phrao

夜店區

Saphan Khwai

N5 Ari

Suttisan Wintjai Rd.

Suthisan

N4 Sanam Pao

Huai Khwang

匯皇夜市
Huai Khwang

Tiam Ruam Mirt Rd.

化中心
BACC

Ratchathewi

N1

金湯普森之家
Thompson House

re Bangkok Siam
IBIS Siam

藍蓬火車站
Hua Lamphong
Railway Station

Siam
Center

W1

National
Stadium

Siam
Paragon

Siam Kempinski

Central
World

Central
World

MBK

Siam Square

Siam Discovery

水門批發市場
Platium Fashion

Central World

Big C

洲際酒店

Caysorn

E1 Chit Lom

Renai

Luxsa Spa

Hansar

Hotel Mus

Siam

Anatara
Siam酒店

S1

Ratchadamri

Oriental
Residence

Red

Pracharat Bampen Rd.

拉差達火車夜市

Thailand
Cultural Centre

Phra
Ram 9

Rama IX Rd.

Ram kham haeng

Ban Thap
Chang

Ratchaprarop

Makkasan

Ramkhamhaeng Rd.

水門批發市場
Platium Fashion Mall

Central World

Siam Kempinski

Central

World

Caysorn

E1

Big C

洲際酒店

Phetchaburi

Phetchaburi Rd.

Hua Mak

Lat Kra
Bang

Pattanakarn Rd.

Okura Prestige

Chit Lom

E2

Renaissance

Nana

E3

Luxsa Spa

Hansar

Hotel Muse

Sukhumvit

Terminal 21

The Local

Oriental
Residence

Urban Retreat
Red Planet Asoke

Hotel Clover Asoke

E4 Asok

at ease

EmQuartier

Somerset Thong Lo

S1

Park Plaza
Citadines

E5

Phrom
Phong

Asian Herb
Association

Big C

Health Land

Si Lom

Devarana Spa

Urban House

So Spa

Emporium

Asian Herb
Association

Volve Hotel

E6 Thong Lo

Lumphini

Queen Sirikit
National
Cov. Center

東部巴士站
Phra
Khanong

E7 Ekkamai

E8

Pattanakarn Rd.

Banana
Leaf

Sofitel So

Sathorn Nua Rd.

Sathorn Tai Rd.

Khlong Toei

Rama IV Rd.

Gateway

Tesco Lotus

E9 On Nut

席娜卡琳夜市 往
Paradise Park
Mega Bagna

Vertigo Too下午茶 /
Moon Bar高空酒吧

Metropolitan
大都會精品酒店

Rama II Rd.

Sukhumvit Soi 62

Sukhumvit Rd.

Bangna-Trad Rd.

Srinakarin Rd.

往 Mega Bagna
週末鐵道跳蚤市場

Suan Phlu Rd.

U Sathorn

Soi 68

大皇宮及玉佛寺
P.146 A3

✉Phra Borom Maha Rajawang／☎
(02)222-0094／➡由BTS線Saphan
Taksin站的中央碼頭搭公船到9號碼頭

　　泰國皇室家族舉行重要儀式之
地，臥佛寺則為泰國的護國寺。

臥佛寺
P.146 A3

✉2 Sanam Chai Rd.／☎(02)226-03
35／➡由中央碼頭搭公船到8號碼頭或
MRT線Sanam Chai站

　　以廟內的大尊臥佛為名，臥佛
寺號稱為第一座大學，庭院中有許
多有趣的雕像及著名的按摩院。

鄭王廟(黎明寺)
P.146 A3

✉158 Wang Doem Rd.／☎(02)891-
2978／➡BTS線Saphan Taksin站的
中央碼頭搭公船到8號碼頭，或MRT線
Sanam Chai站，轉搭接駁船到對岸

　　原名橄欖樹佛寺，擁有醉人的
日落景觀。

暹邏博物館
P.146 A3

✉4 Maha Rat Rd.／☎(02)225-2777
／➡BTS線Saphan Taksin站的中央碼
頭搭公船到8號碼頭，位於臥佛寺後面

　　以各種有趣的互動式展覽，呈
現出暹邏文化，了解暹邏歷史。

廊1919 (Llong 1919)
P.146 B3

✉248 Khwaeng Khlong San／☎(091)
187-1919／➡由中央碼頭搭計程車約
10分鐘車程

　　曼谷華人老碼頭商社及故居改
成的河濱歷史文化園區，設有精緻
設計店及老倉庫改建的優雅餐飲。

泰國設計中心TCDC
P.146 C4

✉The Grand Postal Building, 1160
CharoenkrungRd.／☎(02)105-7400
／➡由Si Phraya船站(Royal Orchid
Sheraton旁)步行約7分鐘

　　泰國設計人的交流中心、設計
藝術圖書館、材料館、展覽館。

Warehouse 30 倉庫文創基地
P.146 C4

✉52-60 Charoen Krung Rd.／☎(091)
187-1919／➡由中央碼頭搭計程車約
10分鐘車程

　　河濱老倉庫改建的展覽、文創
藝文空間，設有販售泰國特色商品
的商店及講座空間。

金山寺
P.146 B2

✉344 Khwaeng Ban Bat／☎(02)621-
2280／➡由高山路或大皇宮搭計程車
約10分鐘，或空勝桑運河Panfa Leelard
站

　　曼谷最高的佛寺，寺內有座人
造金山(Golden Mount)，是傍晚觀
景的好地方，水燈節有盛大活動。

高山路(考山路)
P.146 B2

✉Kao San Rd.／➡搭公船到13號碼
頭，由碼頭步行約10分鐘

　　曼谷背包客區，可到此感受自
由無畏之風！

玩樂篇

國家博物館 P.146 A2

✉ Na Phrathat Rd. / ☎ (02)224-1333 / ➡ 搭公船到9號碼頭步行約10分鐘

完整展示泰國歷史與文物，是了解泰國文化及藝術的好地方。

國家美術館 P.146 A2

✉ Chao Fa Rd. / ☎ (02)281-2224 / ➡ 由高山路步行約5分鐘，或搭公船到9號碼頭步行約10分鐘

泰國最知名畫家的作品均在此收藏之列(包括當代藝術)。

當代藝術中心MOCA P.147 E1

✉ 499 Moo 3 Vibhavadi Rangsit Rd. / ☎ (02)953-1005 / ➡ BTS線Mo Chit站轉搭計程車到Ucom，或Benchachinda building

新設的泰國當代藝術中心，是欣賞泰國當代藝術的最佳地點。

 推

中國城 P.146 B3

✉ Yaowarat Rd. / ➡ MRT線Hua Lamphong站或5號碼頭Ratchawong站

充滿老風情的區域，近年有些老屋也改成了有趣的咖啡館、酒吧。

金湯普森之家(泰絲博物館) P.146 D3

✉ Thanon Rama I / ☎ (02)216-7368 / ➡ 由BTS線National Stadium站，1號出口直走右轉進3巷

泰絲品牌創辦人的故居，他將各地購來的6棟柚木屋連結一起，構築出一個寧靜幽雅的文化館。

 推

曼谷文化中心BACC P.146 D3

✉ 939 Rama 1 Rd. / ☎ (02)214-6630 / ➡ BTS線Siam站的Siam Discovery走天橋或National Stadium站3號出口，位在MBK對面

曼谷市區最重要的展覽中心，常有精采的策展。

 推

JODD FAIRS DanNeramit 神奇之地 P.147 E1

✉ RHC7+4WM, Phahonyothin Road, Bangkok / ➡ BTS線Lat Phrao站4號出口步行約5分鐘

疫情之後，曼谷最熱門的夜市當數喬德夜市拉瑪9(Jodd Fairs Rama9)，堆疊像小山一般高的火山排骨和豪邁大蝦，都是必吃美食，但它腹地不大，於是經營團隊在洽圖洽市集附近找到了間舊的遊樂園，將之改為可容納一千多個攤位的新夜市JODD FAIRS DanNeramit神奇之地，有童話般的城堡、熱氣球及特別的懷舊區，各式酷炫的古董車、舊貨是另一亮點。從下午4點營業到半夜，建議先逛洽圖洽夜市，接著到此吃晚餐、繼續掃貨。

必逛

ICONSIAM P.146 C4

河濱新開的地標性購物中心，結合了高島屋百貨及77府的美食於水上市集般的美食街及水舞秀。

 推

Silom Complex
P.146 D4

✉191 Silom Rd./☎(02)632-1199/
➡BTS線Sala Daeng站，4號出口直通

　　重新裝修後，改頭換面，變身為一位清新優雅的美少女。品牌優質，又有許多中價的美食餐廳。

Siam Paragon
P.146 D3

✉991 Rama 1 Rd./☎(02)610-8000/➡由BTS線Siam站5號出口直通商場

　　曼谷最頂級的百貨，除了國內外各大品牌齊集外，幾乎曼谷最有名氣的餐廳也都有設點。

必逛

Siam Center
P.146 D3

✉989 Rama 1 Rd./☎(02)658-1000/➡BTS線Siam站1號出口

　　若想買泰國設計品牌，這是最佳的購物地點，並有許多新潮的咖啡館。

必逛

Siam Square
P.146 D3

✉Siam Square/➡BTS線Siam站2、4、6號出口

　　多家小店聚集的購物區，就像台北的西門町，是曼谷年輕人最喜歡的購物區。

Siam Discovery
P.146 D3

✉989 Rama 1 Rd./☎(02)658-1000/➡BTS線Siam站，1號出口

　　超時尚的商場設計，以都會潮牌及設計家具為主，尤其推薦泰國設計商品區，可以找到許多新銳設計品。

MBK Center
P.146 D3

✉Payathai Rd./☎(02)620-9000/➡National Stadium站4號出口，或由Siam Discovery走天橋

　　多為大眾化品牌，價格較便宜。除了東急百貨外，還有許多皮件及3C商品店。

Central World
P.147 E3

✉Ratchadamri Rd./☎(02)793-7400/➡由Siam站走天橋步行約7分鐘，或Chit Lom站1號或2號出口

　　泰國及國際品牌齊集，曼谷市區最大購物中心。遊客喜歡參拜四面佛後到此購買Naraya曼谷包。

Terminal 21
P.147 F3

✉Sukhumvit Rd. Soi 21/☎(090)384-5547/➡BTS線Asok站2號出口直通商場

　　新購物中心，每層樓以羅馬、伊斯坦堡、倫敦等城市為設計主題，廁所更是充滿創意。

必逛

Emporium
P.147 F4

✉622 Sukhumvit Rd./☎(02)269-1000/➡BTS線Phrom Phong站，2號出口

　　除了精品外也有許多中價位品牌，樓上有好買的超市、泰國草本保養品、美味又雅致的美食街。

EmQuartier
P.147 F3

✉61 Srinakarin Rd. / ☎(02)787-1000 / ➡由BTS線On Nut站轉搭計程車約30分鐘

曼谷的話題百貨,引進各國風格較為獨特的品牌,並有超強迴旋坡道美食餐廳區。

Gateway Ekamai
P.147 G4

✉982/22 Sukhumvit Rd. Praka-nong / ☎(02)108-2888 / ➡BTS線Ekamai站4號出口

以日式生活為概念的小商場,較多日式餐廳,商品店較少,但設有適合親子的遊樂設施。

The One Ratchada 拉差達夜市
P.147 F2

✉55/9 Ratchadaphisek Rd. / ☎(092)713-5599 / ➡MRT線Thailand Cultrual Center站

疫情期間原本的夜市歇業,現在重新出發,雖然攤位還未全滿,但逛起來滿舒服的,用餐處也乾淨,且靠近地鐵站,容易抵達。郊區還有席娜卡琳火車夜市,雖較遠,但攤位多元、有趣。

推

JJ Market
P.147 E1

✉Thanon Kamphaeng Phet / ➡MRT線Kamphaenpetch站3號出口直達週末市集,或搭BTS線到Sapan Khwai或Mo Chit站步行約5～10分鐘

洽圖洽週末市集,當地設計師的設計服飾、雜貨、藝術品等。

必逛

帕澎夜市
P.146 D4

✉Thanon Kamphaeng Phet / ➡BTS線Sala Daeng站1號出口或MRT線Silom站

曼谷的紅燈區也是最觀光化的夜市,商品多為紀念品或假貨。

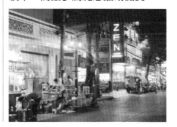

Platium Fashion Mall
P.147 E3

✉Petchburi Rd. / ☎(02)121-8000 / ➡BTS線Chit Lom站1號出口,往Central World後面走

水門批發市場,曼谷成衣、飾品、鞋、包批發商場。隔壁的Grand Diamond Plaza商品選擇也相當多。

推

Big C
P.147 E3

✉97/11 Rajdamri Rd. / ☎(02)250-4888 / ➡BTS線Chit Lom站,位於Gaysorn百貨旁

Central World對面的分店最容易找,可買到各種泰國食品、平價服飾。26巷底的Big C Extra分店遊客較少。

Tesco Lotus
P.147 G4

✉Sukhumvit Rd.(50及52巷之間) / ➡BTS線On Nut站2號出口直通

市區可找到較小型的Tesco Express超市,On Nut站有大型超市,與Big C類似。

Mega Bagna
P.147 H4

✉39 Moo 6 Bangna-Trad Rd., Km.8 / ☎(02)105-1100 / ➡BTS線Udomsuk站5號出口,在7-11前轉搭接駁巴士

新開的巨型百貨,靠近機場,這區近年也開了許多新店。

Asiatique The River
P.146 B5

✉2194Charoenkrung Rd. / ☎(02)
108-4488 / ➡由中央碼頭(Saphan
Taksin站)搭免費接駁船,約15分鐘船程

　　河濱精品級夜市,疫情期間大
部分店鋪都關了,因此新設迪士尼
快閃區,望藉此拉回人氣。

Ojo Bangkok
P.146 D4

🌐www.standardhotels.com/bangkok/
features/ojo-bkk / ✉The Standard,
Bangkok Mahanakhon, 76th Floor, 114
Narathiwas Rd. / ☎(02)085-8888

　　曼谷最高樓76樓所設的高空餐
廳,請來墨西哥名廚Francisco
Ruano,推出一
道道備受讚譽的
創意美食,成為
許多遊客到曼谷
必朝聖的餐廳之
一。

圖片提供 /
The Standard Hotels

Another Hound
P.147 F4

✉Siam Paragon或Emporium商場1樓
/ ☎(02)129-4409 / ➡BTS線Siam站
或Phrom Phong站

　　泰國知名品牌Greyhound開設
的時尚餐廳,餐點擺盤有創意又美
味,同樣屬中價位餐廳。

Banana Leaf
P.146 D4

✉Silom Complex商場4樓 / ☎(02)
231-3124 / ➡Sala Daeng站

　　中價位美味餐廳,炸魚、泰國
酸辣湯、烤肉都做得很好。

Kub Kao Kub Pla
P.146 D3

✉Siam Paragon G樓層

　　每天用餐時間大排長龍的泰式
餐廳,幾乎各家百貨商場都設有分
店,提供許多盛盤精緻好拍的美味
家常菜。

The Deck
P.146 A3

✉36-38 Soi Pratoo Nok Yoong,
Maharat Rd. / ☎(02)221-9158 / ➡搭
公船到8號碼頭Tha Thien站,走出船站
右轉直走,會看到巷口有標示

　　風景美、菜肴又好吃的餐廳,
幸運的話可看到鄭王廟傍晚美景。

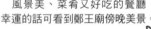

Sansab Issan Restaurant
P.147 F3

✉Terminal 21商場5樓 / ☎(02)108-
0888 / ➡BTS線Asok或MRT線
Sukhumvit站,Terminal 21美食街(5樓)
靠近美食街購買儲值卡櫃檯處

　　美味又平價的東北菜餐廳,就
位在Terminal 21的美食樓層。

Mother Roaster
P.146 B3

✉457 Maha Chai Rd, Samran Rat,
Phra Nakhon / ➡由MRT線Sam Yot地
鐵站步行約6分鐘

　　泰國咖啡雖以花式咖啡為主,
但酷酷的泰國媽媽開的Mother
Roaster,卻只提供黑咖啡,且可
在此喝到高品質的泰國咖啡!目前
在曼谷共
有4家分
店,每家
店都相當
有特色。

The Local
P.147 F3

✉Sukhumvit Rd. Soi 23 / ☎(02)644-
0664 / ➡由BTS線Asok站轉搭摩托車
約5分鐘,步行約12分鐘

　　泰國文化餐廳,整家餐廳有如
一座生活文化館,老闆還很用心的
重新找回一些逐漸失傳的泰國菜。

玩樂篇

曼谷近郊景點

鐵道市集與安帕瓦

鐵道市集奇特的景觀,已是曼谷郊區的熱門景點。若是週末拜訪,還可再到安帕瓦復古小鎮大啖小吃、海鮮及逛市集,晚上還可搭船看滿樹的螢火蟲。參加當地行程是較便捷的方式,或者可到勝利紀念碑搭小巴到鐵道市集,再轉搭雙條車到安帕瓦。

空叻瑪榮或大林江水上市集

週末可考慮到較近的大林江水上市集,由市區搭計程車約30～45分鐘車程,車費約200泰銖,或搭MRT藍線到Bang Khun Non站,再轉搭計程車(約10分鐘,100泰銖)。抵達後可搭當地公船參觀水上市集,最後回碼頭區吃小吃。附近另一座空叻瑪榮水上市集(Khlong Lat Mayom Floating Market)的美食相當精采,在地人多,價位也較便

宜,同樣可搭BTS到附近的Bang Wa站,再轉搭計程車前往。

丹嫩莎朵(Damnoen Saduak)水上市集

曼谷最著名的水上市集,可參加當地行程(抵達後搭船費用另計),早上約7點開始接客,約兩小時車程,建議規畫前往華欣者,可停靠這座水上市集,否則可改到郊區其他水上市集。

沙美島(Ko Samet)

若想安靜的享受濱海度假,悠靜的沙美島是相當理想的選擇,這是距離曼谷最近的離島。

曼谷單車之旅

步行及單車之旅是探索當地文化最棒的旅行方式,曼谷雖然熱,但可考慮傍晚的日落單車之旅或晚上的小吃之旅,更深入體驗曼谷風情,或者挑戰9小時的郊區行程,包括在很窄的運河道上騎行,相當有趣。中國城附近有家荷蘭人開的旅行社(http www.covankessel.com),提供很棒的當地社區單車之旅,另也有單車＋運河遊船的行程;高山路附近還有另一家單車行程旅行社可供選擇(http www.grass-hopperadventures.com)。

曼谷也有類似U Bike的共用▶ 單車

芭達雅 Pattaya

想就近濱海度假及體驗熱情的酒吧妹妹文化者，可考慮芭達雅。Tiffany人妖秀一直是最受好評的夜間節目，現在還有精采的水上樂園、高空跳傘、高空滑索、大象叢林保護區等。

聯外交通

- 由曼谷廊曼機場，可搭車到Mo Chit北部巴士站，轉乘小巴前往芭達雅，約143泰銖。
- 由蘇萬納普機場內也可直接搭巴士前往，車程約2小時，停靠站包括King Power免稅店對面（較靠近Hard Rock Hotel）、Big C South免稅店對面（較靠近Walking Street）及Thappraya Rd.總站，但21:00及22:00巴士只到Jomtien巴士總站。
- 由芭達雅到蘇萬納普機場可由Thappraya Rd.的Jomtien機場巴士總站搭乘（靠近高空塔）。

- 由Ekkamai捷運站外的東部巴士站搭車約108泰銖；包車單程約1,600泰銖起。

市區交通

- **公車**：設有少數幾條公車路線，但車班較少。
- **雙條車**：主要的市區交通工具，單區的車資為10泰銖，跨區為20泰銖，隨招隨上。
- **摩托車**：也可自行租摩托車，自由度較高，24小時租金為200～250泰銖。

貼心 小提醒

換匯推薦：
TT Exchange匯兌處

行程規畫

建議第一天抵達曼谷後，直接由機場搭巴士奔往芭達雅，不建議安排在行程最後幾天，以免塞車趕不上飛機。

Day1
Central Marina／Terminal 21購物中心或信不信由你主題館
Pattaya Massage Poo&Na@Soi Buakhao
Tiffany's人妖秀
張龍記或斜對面小吃區晚餐、金媽媽芒果糯米
Walking Street見世面、沙灘散步

Day2
格蘭島玩水或東芭樂園或芭堤雅哥倫比亞影業水世界水上樂園
The Sky Gallery午餐
7 SPA Luxury Pattaya(訂套裝療程可免費接送)
Central Festival購物中心或Hilton高樓餐廳Edge晚餐
Hilton高空酒吧

真理寺

泰國富商斥資打造的木雕樂園，其木雕技藝真是令人讚歎不已，整體規畫更承襲著古老社會的生活哲學。園內還提供傳統舞蹈、泰拳等文化表演。(芭達雅北區)

信不信由你博物館

源自美國芝加哥的信不信由你博物館，很適合三五好友一起去看看各種新奇事物，或者到恐怖屋讓鬼招待一下。

格蘭島

以美麗的沙灘及水上活動著名，可以由Bali Hai碼頭搭船，船程約40分鐘，且大船每人票價僅30泰銖。

Walking Street

一整排燈紅酒綠的酒吧街，也是芭達雅合法的紅燈區。

東芭樂園

距離芭達雅市區約40分鐘車程，可考慮包車遊覽南區各景點。

Tiffany人妖秀

相當精采的表演，網路訂票較便宜。

Columbia Pictures Aquaverse水上樂園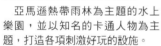

亞馬遜熱帶雨林為主題的水上樂園，並以知名的卡通人物為主題，打造各項刺激好玩的設施。

Terminal 21

接續曼谷的成功經驗，也在芭達雅開設了全新的購物中心，就在Central Marina購物中心旁。

香港炳嫂

遊客想買的各種伴手禮都有，還可在此換匯及購買當地優惠票。

Central Marina

芭達雅北區熱鬧的商圈，也很推薦這區的旅館，同樣有許多靠近沙灘的度假風旅店。購物中心的內部為繽紛的歐風小屋、中庭階梯式草皮休憩區，孩童還可搭小火車逛商場。一樓即為Big C大超市。

Central Festival

占地廣大的購物商場，樓上還有Hilton Pattaya高級度假旅館，樓下設有美食街及許多泰國知名連鎖店，如AKA吃到飽燒肉店，也有超市。

The Sky Gallery Pattaya

芭達雅最浪漫的用餐地點之一，距離市中心不遠，可躺在海邊的草皮上用餐，傍晚看日落，吃完後再上附近制高點的咖啡車喝咖啡賞景。時間充足者，可考慮到較遠的The Glasshouse餐廳。

Edge吃到飽餐廳

Hilton旅館的附設餐廳，週一～五每天都有不同的主題，34樓的Horizon也是很值得一訪的高空酒吧。

7 SPA Luxury Pattaya

芭達雅評價最高的按摩中心之一，以其家傳的按摩手法，按得遊客每次回芭達雅都要到此報到。

Pattaya Massage Poo&Na@Soi Buakhao

平價按摩。Yunomori Onsen溫泉按摩中心、Coran、Let's Relax、Oasis也都設有分店。

華欣
Hua Hin

最有氣質的皇家度假勝地，曼谷人的週末度假地。沿著沙灘坐落著許多優質度假旅館，很適合家庭旅遊，建議可以找家旅館好好度假，如：560公尺長的泳池環繞著整座的Sheraton Hua Hin、甜美的Rest Detail Resort及Devasom Hua Hin Resort、位於華欣市中心的Cape Nidhra Hotel或華欣萬豪酒店。

聯外交通

■由曼谷廊曼機場，可搭車到Mo Chit北部巴士站，轉乘小巴前往華欣，約4小時車程，約220泰銖。

■由蘇萬納普機場也可直接搭巴士前往，車資為325泰銖；包車約2,000泰銖起，中途可停靠水上市集、鐵道市場及安帕瓦、拷龍穴等景點。

■由曼谷華藍蓬火車站搭火車到華欣約4.5～5.5小時。

市區交通

■**雙條車**：主要的市區交通工具，車資為10～40泰銖不等。

■**嘟嘟車**：傳統計程車，若一天要去好幾個景點，建議以包車的方式跟司機談價錢。

■**摩托車**：自行租摩托車，自由度較高。

■**計程車**：在市區街上可看到計程車站，也提供包車回曼谷的服務，或可使用Grab、Bolt手機叫車。另也有JingJign BKK台灣人開設的包車公司，方便中文溝通行程，價格也平實。

▲華欣有許多適合家庭旅遊的度假旅館，週末也常會在Resort內舉辦各種活動

玩樂篇

華欣沙灘

華欣市中心的長沙灘，可玩水上活動、沙灘騎馬，各高級旅館也設有臨沙灘的酒吧、咖啡館。

CICADA及 Tamarind夜市

散發著華欣獨特風情的氣質系夜市，隔壁的羅望子夜市則以泰式小吃為主，也有現場音樂表演。

華欣夜市

市中心的觀光夜市也有許多好買的小物及泰國小吃、海鮮。

華欣火車站

泰國最美麗的火車站之一，充滿了典雅的懷舊風情。也可由曼谷搭火車至華欣，約4小時車程。

夏宮

泰國皇室家族的夏宮，為優雅又具南國風情的濱海柚木建築。

正盛食堂

華欣最熱門的餐廳，在老木屋中，提供美味的火鍋及泰式料理、沙嗲。

Gai Yang Hua Hin 小吃攤

✉ HX75+3W8, Hua Hin, Hua Hin District, Prachuap Khiri Khan / ☎ 0972-367164(可電話預約) / ⏰ 17:00～23:00，週二公休

最道地、夠味的泰式小吃，招牌烤雞、烤豬頸肉、青木瓜絲沙拉或水果沙拉、排骨酸辣湯，都是必點美食。

Market Village或 Blu Port購物商場

Market Village是中價位的商場，內設有Tesco大型超市；Blu Port為緊鄰洲際酒店的購物中心，充滿濱海度假氣息。

行程規畫

若從曼谷出發，途中可去丹嫩莎朵水上市集

Day1
華欣沙灘或旅館泳池或Market Village或BluPort購物商場
華欣火車站
正盛食堂
華欣夜市
CICADA及Tamarind夜市(週五、六最適合)

Day2
美麗閣夏宮
拷龍穴
安帕瓦水上市場(週五、六、日最適合)
美功鐵道市場

大城 Ayuttaya

在 1767年大城王朝被緬甸軍滅亡之前，為全球最繁榮的城市之一，從14世紀遷都至此後，不斷建造華偉的寺宇，因此城內留下許多各有特色的珍貴遺跡，相當值得過來住一晚，慢慢遊賞遺跡。

聯外交通

- **小巴**：較快捷及省錢的方式。
- **火車**：華藍彭火車站或廊曼機場外的車站均可搭車前往，普通車15泰銖、快車45泰銖。

市區交通

- **單車**：24小時50泰銖，方便古城觀光。
- **摩托車**：24小時250泰銖，方便到較遠的景點。
- **嘟嘟車**：包車為300泰銖起，最輕鬆的方式。
- **遊船**：16:00～18:00，200泰銖，可由河上欣賞美麗的古城風光。

行程規畫

Day1

崔差蒙空寺
瑪哈寺
船麵
涅槃寺
帕席桑碧寺
柴瓦塔那蘭寺
（各大古寺聯票220泰銖）

崔差蒙空寺 Wat Yai Chai Mongkhon

14世紀烏通王所建的寺廟，以巨大的鐘形佛塔聞名及環繞著大佛塔的佛像群聞名。

瑪哈塔寺 Wat Maha That

大城最經典的寺廟，知名的樹中佛頭就在這座廟宇內。寺廟始建於14世紀末期，為大城最早建造的高棉佛塔之一。**小提醒**：拍攝無花果樹纏繞的佛頭時，記得蹲下以示尊重。

帕席桑碧寺 Wat Phra Si Sanphet

原為14世紀末烏通王時期的皇宮，後來新任者建造新皇宮後，原址改為皇家寺廟，從遺跡建築仍可感受到古寺的宏偉氣勢。有空的話也可到附近的涅槃寺欣賞大臥佛。

柴瓦塔那蘭寺 Wat Chaiwatthanaram

大城日落時分最美的寺廟。這是1630年所建的第一座皇家寺院，為宗教祭典舉辦場所。院裡仍保留多座精緻的高棉風佛塔，小有吳哥窟的感覺。騎單車遊城者，可連同單車搭船過河，不用冒險騎上橋過馬路到這座寺廟，沿路交通較危險些。

邦芭茵夏宮 Bang Pa-In Palace 及安娜教堂

邦芭茵夏宮建於17世紀，被戰爭破壞後，直到19世紀末才重新修復，並融入東西方風格，包括充滿中國風情的天明殿。參觀完夏宮後，可由停車場搭纜車過河參觀更名為尼維塔瑪帕萬寺的安娜教堂，教堂內供奉著佛像，還有和尚坐鎮祝禱？！是的，這就是神奇的安娜教堂。**小提醒**：參觀夏宮不可穿過短的褲子或無袖上衣。

大城泰國蝦餐廳

參觀完夏宮後，可以來品嘗大城著名的河蝦景觀餐廳，如：KUANG Seafood、Kung Phuean Praew或De Riva。泰國的大河蝦多數產於大城地區，因此許多泰國人會特地到此品嘗滿滿蝦膏的大河蝦。

船麵 Pa Lek Boat Noodle

大城著名的船麵就位於瑪哈塔寺不遠處的夜市路口，湯頭香醇、價格平實，適合看完瑪哈塔寺後過來簡單用餐。

拷艾 Khao Yai

拷艾「Khao Yai」意為「大山」，占地達2,168平方公里，海拔為400～1,000公尺。優美的季風雨林、綿延的草原間，有著豐富的生態，有時還可遇上野生大象家族、晃盪於大樹間的長臂猿！這裡也是泰國人最愛的避暑勝地，優質度假旅館、莊園選擇也不少。

聯外交通

拷艾距離曼谷約180公里，2個多小時的車程。包車是最快捷的方式，或搭火車到國家公園外的小鎮Pak Chong，約3個多小時的車程，火車一路都有小販販售各種小吃冰飲。

當地交通

當地交通以三條大巴士爲主，由國家公園山下的入口處到Pak Chong市區車資30泰銖。但從山上的國家公園內到山下的入口處沒有任何公共交通工具，可搭便車，或者包車，最便利的是參加當地旅行團。

玩樂指南

拷艾國家公園的叢林景觀有種他處難尋的迷人氣息，且幸運的話還可看到野生大象全家漫步於叢林間。既然到國家公園了，很推薦大家參加最具在地特色的叢林探險Jungle Trekking活動。

叢林探險活動的導遊對於生態都相當了解，主要推薦兩家價格較親切的Bobby's Jungle Tours及Greenleaf，Bobby's出發時間較早06:30，Greenleaf則是07:30。導遊沿路會帶領團員走進叢林，途中可能遇上跳盪於樹林間的長臂猿、隱藏在草叢裡的叢林特種生物及500年老樹，難度並不高，卻有趣極了。

另還有蝙蝠洞＋瀑布的半日行程，及在叢林露營的2天半行程。此外，拷艾近年也增加了不少特色咖啡館，像是建築獨特的Yellow Submarine Coffee Tank、悠閒的庭園餐廳BUCOLIC Khaoyai。

住宿推薦

搭火車到拷艾國家公園者，第一天可住在Pak Chong鎮上。鎮上的住宿推薦At Home Hostel，青年旅館主人樂於分享遊玩拷艾國家公園的詳細資訊，且房間乾淨、價位平實，走出小巷就是夜市小吃區。

第二天可回鎮上續住，或入住國家公園周邊優美的度假旅館，如城堡般的U Khao Yai，或是由知名旅館設計師Bill Bensley所設計的拷艾洲際酒店（InterContinental Khao Yai）。

行程規畫

從曼谷出發，前往Pak Chong旅館。

Day1　Wat Khao Wan Chainawarat寺廟
　　　Waterside House復古博物館餐廳或國家公園半日遊

Day2　參加當地Jungle Trekking一日行程
　　　（傍晚結束後，請旅行社接送至第二天住宿旅館）

玩樂篇

清邁 Chiang Mai

清邁雖然是泰國第二大城市，但古城區為了保留古文化而限制發展，整體規模仍像個緩慢的小鎮。

曼谷→清邁交通

目前台灣有長榮及亞航直飛班次，也可搭到曼谷轉機或轉車：

■ 由Mochit巴士站搭長途巴士往返（建議搭夜巴，早上抵達）。推薦Nakhonchai Air巴士（NCA）。

■ 由曼谷新火車站阿披瓦中央車站（Krung Thep Aphiwat Central Terminal）搭火車往返清邁，舒適但車程約10小時。最新型的列車Utrawithie，票價約800泰銖起，班次及時間：曼谷→清邁為No.9，18:10～隔日07:15，清邁→曼谷為No.10，18:00～隔日06:50。臥鋪車廂分頭等與二等廂，頭等廂為兩人一間，可鎖門、獨立盥洗設備，二等車廂為連通走道的上下鋪。頭等車廂相當熱門，建議提早預訂。

市區交通

公車

清邁民眾多使用雙條車（市區為紅色，郊區為黃色及白色雙條車）及嘟嘟車，雙條車市區費用為20泰銖，較遠的距離為30～40泰銖。也可善用手機叫計程車，Grab或Bolt在清邁均可使用。

腳踏車

適合遊古城，但古城呈四方形，出城常需要切到內車道U Turn迴轉到對面車道，需特別小心。

摩托車

較便捷，U Turn時要小心，且記得戴安全帽，並攜帶摩托車國際駕照與國內原照。上素帖寺約需30分鐘車程，再往苗族村騎需再騎20～30分鐘。

行程規畫

Day1 古城區：清曼寺、帕辛寺、盼道寺、清隆寺、SP Chicken東北烤雞專賣店或Khao Soi Khun Yai咖哩麵中餐、Fah Lanna按摩、古城及塔派路逛街、週末夜市

Day2 素帖寺、蒲屏宮、悟夢寺、松達寺、Baan Kang Wat藝術村及No.39 Cafe咖啡、尼曼區、Jing Jai Market週末創意市集

Day3 叢林翱遊或大象村按摩 另也可選擇2天1夜或3天2夜的登山健行行程

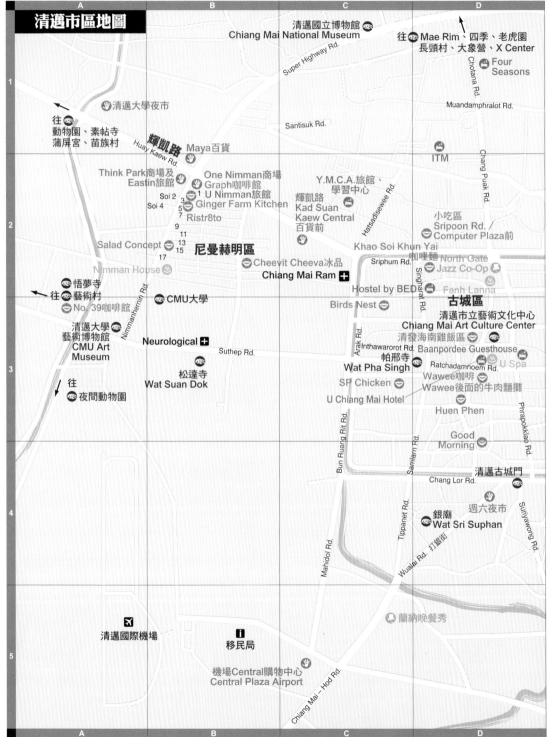

清邁市區地圖

清邁國立博物館
Chiang Mai National Museum

往 Mae Rim、四季、老虎園
長頸村、大象營、X Center

Super Highway Rd.

Chotana Rd.

Four
Seasons

往
動物園、素帖寺
蒲屏宮、苗族村

清邁大學夜市

Santisuk Rd.

Muandamphralot Rd.

Chang Puak Rd.

輝凱路　Maya百貨

Huay Kaew Rd.

ITM

Think Park商場及
Eastin旅館

One Nimman商場
Graph咖啡館

Y.M.C.A.旅館、
學習中心

Soi 2

U Nimman旅館

輝凱路
Kad Suan
Kaew Central
百貨前

小吃區
Sripoon Rd. /
Computer Plaza前

Soi 4

Ginger Farm Kitchen

Ristr8to

Hatsadisewee Rd.

Khao Soi Khun Yai
咖哩麵

Salad Concept

尼曼赫明區

Sriphum Rd.

North Gate
Jazz Co-Op

Nimman House

Cheevit Cheeva冰品

Singharat Rd.

Fanh Lanna

Chiang Mai Ram

Hostel by BED

古城區

悟夢寺

CMU大學

Birds Nest

清邁市立藝術文化中心
Chiang Mai Art Culture Center

往 藝術村

Nimmanhernin Rd.

No. 39咖啡館

Arak Rd.

清發海南雞飯區 Baanpordee Guesthouse

清邁大學
藝術博物館
CMU Art
Museum

Neurological

Suthep Rd.

帕邢寺
Wat Pha Singh

Inthawarorot Rd.

Ratchadamnoem Rd.

U Spa

Wawee咖啡
Wawee後面的牛肉麵攤

往
夜間動物園

松達寺
Wat Suan Dok

SP Chicken

U Chiang Mai Hotel

Huen Phen

Phrapokklao Rd.

Good
Morning

Bun Ruang Rit Rd.

Samlarn Rd.

清邁古城門

Chang Lor Rd.

週六夜市

Tippanet Rd.

銀廟
Wat Sri Suphan

Wualai Rd. 打銀街

Suriyawong Rd.

Mahidol Rd.

清邁國際機場

移民局

蘭納晚餐秀

機場Central購物中心
Central Plaza Airport

Chiang Mai – Hod Rd.

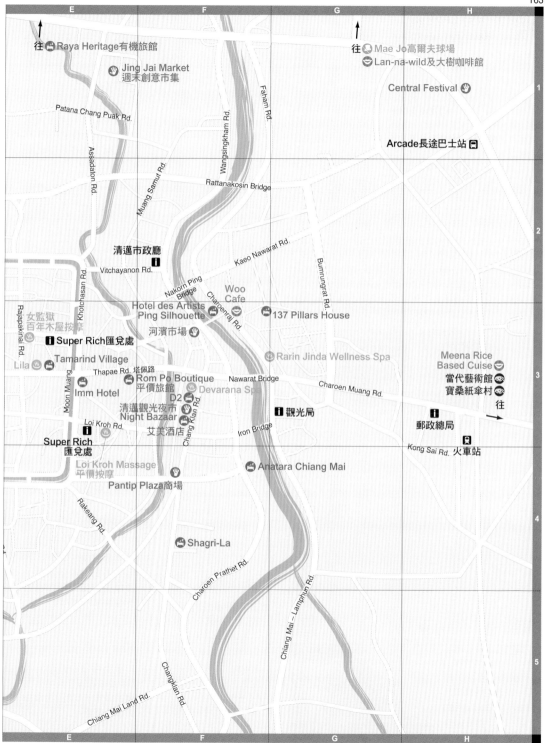

往 Raya Heritage 有機旅館

Jing Jai Market
週末創意市集

Patana Chang Puak Rd.

往 Mae Jo 高爾夫球場
Lan-na-wild 及大樹咖啡館

Central Festival

Arcade 長途巴士站

Assadaton Rd.

Muang Samut Rd.

Wangsingkham Rd.

Faham Rd.

Rattanakosin Bridge

清邁市政廳

Vitchayanon Rd.

Kaeo Nawarat Rd.

Nakorn Ping Bridge

Woo Cafe

Bumrungrat Rd.

Rajapakinai Rd.

女監獄
百年木屋按摩

Khotchasan Rd.

Hotel des Artists
Ping Silhouette

Chatrenral Rd.

137 Pillars House

河濱市場

Super Rich 匯兌處

Rarin Jinda Wellness Spa

Meena Rice
Based Cuise

Lila

Tamarind Village

Moon Muang

Thapae Rd. 塔佩路

Rom Po Boutique
平價旅館

Nawarat Bridge

Charoen Muang Rd.

當代藝術館
寶桑紙傘村

往

Imm Hotel

Devarana Spa

D2

Chiang Klan Rd.

清邁觀光夜市
Night Bazaar
艾美酒店

觀光局

郵政總局

Loi Kroh Rd.

Iron Bridge

Super Rich
匯兌處

Kong Sai Rd. 火車站

Loi Kroh Massage
平價按摩

Anatara Chiang Mai

Pantip Plaza 商場

Rakeang Rd.

Shagri-La

Charoen Prathet Rd.

Chiang Mai – Lamphun Rd.

Changklan Rd.

Chiang Mai Land Rd.

古城區
P.162 D3

呈四方型，周圍有護城河及古城牆環繞，各個角落仍保有古城門，遊客可以塔派門(Thapae Gate)為基準點，由城門往外延伸為Thapae Rd.，沿路有許多小店，直通平河(Ping River)，河濱有Watrorot市集、觀光夜市(Night Bazzar)、河濱餐廳、咖啡館等，再往前走則是火車站及長途巴士站。

清邁的主要景點集中在古城區，古城往清邁大學路上還有幾座值得拜訪的古寺；往清邁動物園、素帖寺、苗族村、長頸村的郊區，是另一區觀光重點；若還有時間則可到類似台北陽明山的Mae Rim區。

進塔派城門往古城方向走，是主要道路Rajdamnoen Rd.，這也是著名週日市集(Sunday Walking St.)的所在地。往前直走到底是帕辛寺(Wat Phra Sing)，沿路與Prapokkloa Rd.交接，一邊是往盼道寺(Wat Phan Tao)及清隆寺(Wat Chedi Luang)，另一邊則是三王廟，也就是蘭納文化博物館及清邁市區文化與藝術中心。另還推薦最詩情畫意的Wat Jedlin古寺。

清邁古城門 Chiang Mai Gate
P.162 D4

傍晚有許多小吃，出清邁古城門的Wua Lai街是著名的打銀街，現還有座精緻的銀廟(Wat Sri Suphan)。週六夜市就在清邁古城門外。

素帖寺
P.162 A1

位於市郊15公里山腰上的素帖寺，寺裡大金佛塔功奉著佛祖的舍利子，並可鳥瞰清邁市區全景。

悟夢寺
P.162 A2

清邁大學附近山區的林間寺廟，以隧道佛窟聞名，可順遊附近的No.39咖啡館(P.109)及烏托邦般的Baan Kang Wat藝術村。

寶桑紙傘村
P.163 H3

位於古城以東約9公里處，聚集許多清邁紙傘製作工坊，附近的Chamcha Market週末市集也很值得一訪

當代藝術館
P.163 H3

MAIIAM除了收藏許多當代大師的作品外，也積極策展，讓全球看到泰國傑出的當代藝術作品，美術館建築本身也相當有意思。

平價小吃區
P.162

■ 三王廟後面的清發海南雞飯周區(P.162 / D3)：18:00以前收攤
■ Sripoon Rd.上Computer Plaza前(P.162 / D2)：17:00以後開始
■ Chiang Mai城門(P.162 / D4)：17:00以後開始

Central Plaza Airport
P.162 C5

靠近機場的大型購物中心，多為一般大眾消費得起的中價位品牌，另也可買到各種泰北特色商品。

河濱市場
P.163 F3

河濱Warorot市場可買到各種平價生活用品，2樓及後面的小店則有許多泰北風的特色商品。

尼曼赫明區
P.162 B2

各小巷內有很多咖啡館及較新潮的設計雜貨店。另還有Maya百貨及好玩的Think Park餐飲區。尼曼路口現還新開了散發著歐風的Nimman One商場，最推薦商場內的GRAPH one nimman咖啡及美食街，週末還有不同主題的小市集。

Central Festival
P.163 H1

清邁中價位的大型商場，假日有許多活動，並設有大型超市，很適合遊客購買伴手禮。

Maya百貨
P.162 B2

多為中價位商品，如Naraya曼谷包。地下樓層有超市，4樓設有美食街與連鎖餐廳。

SP Chicken
P.162 C3

✉9/1 Sam Larn Soi 1, Phra Singh／☎(80)500-5035／🕙10:00～16:00

以泰國東北烤雞及伊森菜系的青木瓜沙拉等料理聞名的小餐館。

Ginger Farm Kitchen
P.162 B2

✉One Nimman, Nimmanahaeminda Road／☎(052)080-928／🕙11:00～22:00

使用自家農場產地直送的各種食材，推出各式泰國美味菜肴，難怪連年入選清邁米其林美食指南。

Woo Cafe
P.163 F3

✉80 Tambon Chang Moi, Mueang Chiang Mai District／☎(052)003-717／🕙10:00～18:00，週三公休

清邁最熱門的咖啡館藝廊，裡面的布置不只會讓粉紅女孩尖叫，文青可也喜愛呢！

Ristr8to
P.162 B2

✉15/3 Nimmanhemin Rd.／☎(081)978-0471／➡位於尼曼路上，3巷及5巷之間

世界拉花獲獎的咖啡館，咖啡飽滿香醇。3巷的分店總是高朋滿座。

Khao Soi Khun Yai
P.162 D2

✉Sri Poom Rd.／🕙10:00～14:00，週日休息／➡過Sri Poom Soi 8巷

清邁著名的咖哩雞麵老店，味道恰到好處，且就位於方便抵達的古城邊。

Meena Rice Based Cuise
P.163 H3

✉San Kamphaeng, San Klang／🕙10:00～17:00

食物與整體氛圍都相當天然、優美的餐廳，靠近Cham Cha週末手工藝市集，逛完可以過來悠閒吃飯。

Wawee
P.162 D3

➡Ratchadamnoen Rd.與Ratpa-kinai Rd.交接口

泰北的星巴克，每杯咖啡都會捐部分營利給當地社區。Wawee咖啡後面，有平價又好吃的牛肉麵、排骨麵攤。

Birds Nest
P.162 C3

✉Sigharat Rd. Soi 3／☎(089)429-2467／➡由Ratchadamnoen路走到帕刑寺，右轉直走到3巷，路口是一間廟，轉進巷直走約3分鐘

清邁嬉活風的代表，餐點也非常可口，尤其推薦它的招牌早餐。

la.na wild
P.163 G1

✉Huai Kaeo, Mae On／☎(89)143-9225／🕙08:00～21:00／➡距離清邁古城約40公里，搭Grab上山單程約550泰銖

清邁除了著名的大樹咖啡The Giant外，再往山裡走約800公尺，還新開了一家叢林咖啡，同樣擁有迷人的森林景觀，餐廳布置及餐飲的質感更升了一級，且這裡還提供高級帳篷房，是深度感受清邁的好地方。

清邁近郊景點

拜城&湄宏順

泰國邊境的山谷樂園，以往是嬉皮遊客最愛的嬉活地點。現在拜城鎮內有些個性小店及咖啡館，雖然較爲觀光化，但山區的風光仍相當宜人，也是喜愛泛舟、健行者的天堂。

金三角

曾爲毒品大本營的金三角，現已煥然一新，成爲泰國境內知名的觀光地，可搭船到河中間，遠眺緬甸、泰國、寮國三個國家。東北的清恭則是個安靜的古城，是許多旅人前往寮國的落腳處。

素可泰

素可泰王朝的古都城，也是泰國文化重地，古城遺跡區已列爲世界文化遺址，散發著神聖、悠闊的氛圍。11月水燈節會舉辦盛大活動，是最佳的拜訪時節。

清萊

清萊是東北地區的首府，雖然也是個小鎮，但曾爲古都，因此城內有些著名的寺廟，而郊區的白廟（White Temple）、藍廟（Blue Temple）及Black House，其獨特的雕刻與建築，更是遊客必訪之處。多數遊客會選擇清萊一日遊，但更推薦在此住一晚，享受清萊小鎮的悠慢生活。

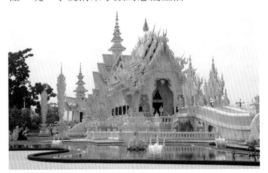

魏功甘古城

魏功甘古城（Wiang Kum Kam）距離清邁僅7公里，過往一直是個傳說中的城市，直到1984年挖掘到古遺跡，才開始在城牆內陸續發現了30多座考古遺跡，並確定1288年明萊王從清萊遷都後首先落腳於此。後因這裡常發生水災，才又遷到新都清邁。原本城內的建築因戰爭而嚴重損壞，整座城市逐漸荒廢、消失，成了傳說中的古城。

目前魏功甘是個安靜的傳統小鎮，許多人家門

▲ 魏功甘荒廢消失了好幾世紀，而成為傳說中的城市

前仍放著泰北人供路人飲用水的陶甕，推薦大家有空過來欣賞古遺跡，親子遊則可搭馬車觀光。

交通

可手機叫計程車前往；抵達當地後可在遊客中心搭電車或馬車觀光，一輛車為300泰銖。

▲ 可搭馬車、電車或騎單車觀光

路線建議

旅遊中心→伊康寺（Wat Changkam）→塔考寺（Wat Thatkhao）→切地蘭寺（Wat Chedi Liem）。

切地蘭寺 Wat Chedi Liem

又稱為四方寺，除了精緻的佛殿及四面佛外，以設計靈感來自南奔Wat Phra That Hariphunchai的方形佛塔最為顯目。這座孟族建築風格的五層式佛塔，共由60尊佛像裝飾而成。

參觀切地蘭寺後，可步行或參加單車團，參觀另一座保留較完整的古寺Wat Changkam，以及塔考寺、伊康寺等寺廟遺跡。

南奔古城

南奔古城（Lamphun）距離清邁約26公里的南奔，原為7～13世紀時孟族建立的陀羅缽地王朝Hariphuncha所在地，後來被蘭納王朝的明萊王所滅。除了古城外，由清邁前往南奔的路上，有一段路沿途為參天古木，也是難得一見的美景。

交通

可由Warrot市場花卉攤對面或昌普車站搭紫色小巴前往，約每30分鐘一班車，車資為25泰銖，約1小時車程。

在Wat Phra That Hariphunchai寺廟下車後，可搭一天兩班的觀光車（09:30、13:30）遊城，費用為100泰銖，或搭馬車、摩托計程車、步行參觀。

Wat Phra That Hariphunchai寺

南奔市區最值得參觀的佛寺，寺內最著名的是泰國八大佛塔之一的金佛塔，以及巨大的佛祖足印與紅亭式建築的藏經閣。許多泰國信徒會特地到此朝拜，並沿著佛塔走一圈回到原點，祈求事事能圓圓滿滿。

參觀後可到大門對面的小橋逛逛，橋上的小店販賣具當地特色的手工藝品。對於當地生活文化有興趣者，也可到南奔生活文物館參觀。

▲ 切地蘭寺

▲ Wat Phra That Hariphunchai寺內宏偉華麗的金佛塔

清刊
Chiang Khan

清刊為泰國與寮國邊境的小小鎮，悠悠河岸邊仍保留樸美的老木屋，讓人走進小鎮，彷如回到時間靜止的邊陲之境，沿河漫步、騎單車賞山河，或毫不費力地上山看日出雲海。

聯外交通

由曼谷搭機飛往黎府Loei，目前有亞航每天來回各一班航班。再由黎府機場搭小巴到清刊市區，約40分鐘車程；或由機場搭巴士到黎府市區巴士站，再轉搭巴士到清刊。

行程規畫

從曼谷出發，降落黎府機場。

Day1
清刊古城
騎單車前往Kaeng Khut Khu看日落
夜市

Day2
05:30起床保僧
前往Phu Thok看日出
老麵店早餐
遊船或咖啡館
搭小巴前往黎府機場

日落點 Kaeng Khut Khu

清刊大部分民宿都提供單車，可騎單車或搭嘟嘟車前往5.5公里外的Kaeng Khut Khu河流轉彎點，在此欣賞山河景觀，附近也有個小市集。

雲海日出 Phu Thok

可請旅館櫃檯代為安排嘟嘟車前往，每人100泰銖，抵達山區後，轉搭貨車上山，來回每人25泰銖，不用跋山涉水就可輕鬆欣賞絕美的日出雲海。

清刊夜市 Walking Street

每天17:00～20:30清刊老街上有著熱鬧的市集，各種小吃、創意及傳統商品通通集合了。

ร้านซอยซาว ข้าวเปียกเส้น老麵店

清晨開到中餐過後的老麵店，自製的麵條Q滑、口感獨特，再加上清爽的香菇湯頭，讓人忍不住每天早上報到一次！另也有爽口的粥及油條。

海島度假輕旅行

聯外交通

航空

大部分離島均有機場,如普吉島及蘇美島機場均為國際機場,有國際航線直達。除了較貴的曼谷航空或泰國航空外,也有亞洲航空這類的平價航線。

巴士、火車、船

若想便宜旅遊,這是相當划算的方式。可從曼谷搭長途巴士或火車,再轉搭船到普吉島、蘇美島等各個離島。

島內交通

雙條車

離島的計程車費是昂貴得嚇人,公共交通以雙條車或公車為主。

租摩托車或汽車

許多遊客會自行租摩托車或汽車,但由於泰國駕駛方向不同,因此行車時務必要小心,並應攜帶國際駕照、國內駕照正本、護照等文件。人數多,建議以包車的方式旅遊。

蘇美島
Ko Samui

蘇美島隸屬於蘇勒他尼省(Surat Thani),為泰國第三大島,也是椰子大島。蘇美島在泰國觀光局的強打下,已成功打開國際知名度,但島上消費較高,多為鎖定外國遊客的高級旅館。

繞行蘇美島一周約2小時車程,沿岸有多處海灘。然而,本島海水的色彩不如離島漂亮,較推薦以月圓派對(Full Moon Party)聞名的帕安島及較為天然原始的龜島(Koh Tao),以及龜島附近有著白色沙灘、美如仙境的南悠島(Koh Nang Yuen,又名海鷗島)。

若想悠閒度假的話,建議多安排在小離島,蘇美島前後停留一天即可。

蘇美島全年分為三季:4～8月為適合從事海上活動的夏季,9～12月是較不適合觀光的雨季(蘇美島的雨季較其他島嶼晚一點),1～3月較為乾爽。

主要觀光景點

　　蘇美島不像普吉島如此大，所以各區沿岸都有旅館入駐，但其中仍以東岸的查文海灘區（Chaweng）、拉邁（Lamai）最多觀光客，北部的漁夫村（Fisherman's Village）則是最具人文特色的區域。

　　機場位於島嶼的東北角，喀比搭船過來會停靠在西岸碼頭。個人認為適合安靜度假、又有點趣味文化的住宿地點是北岸的漁夫村Bo Phut區，搭船到帕安島、龜島的碼頭也在這區，距離機場僅約15分鐘車程。

蘇美島全圖

地圖繪製／許志忠

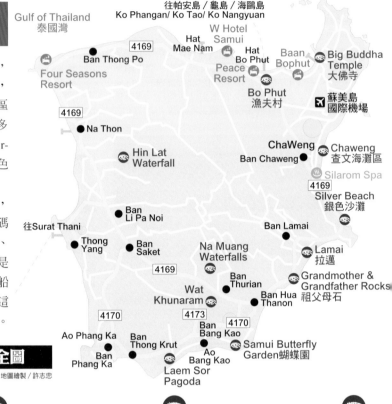

往帕安島／龜島／海鷗島
Ko Phangan/ Ko Tao/ Ko Nangyuan

Gulf of Thailand
泰國灣

W Hotel
Samui

Hat Mae Nam
Hat Bo Phut
Ban Thong Po
Four Seasons Resort

Baan Bophut
Big Buddha Temple
大佛寺

Peace Resort

Bo Phut
漁夫村

蘇美島國際機場

4169

4169

Na Thon

Hin Lat Waterfall

ChaWeng
Ban Chaweng

Chaweng
查文海灘區

Silarom Spa

4169

Silver Beach
銀色沙灘

Ban Li Pa Noi

往Surat Thani

Thong Yang

Ban Saket

Na Muang Waterfalls

Ban Lamai

Lamai
拉邁

4169

Wat Khunaram

Ban Thurian

Ban Hua Thanon

Grandmother & Grandfather Rocks
祖父母石

4170

4173

4170

Ao Phang Ka

Ban Thong Krut

Ban Bang Kao

Ao Bang Kao

Samui Butterfly Garden蝴蝶園

Ban Phang Ka

Laem Sor Pagoda

Bo Phut漁夫村　P.170

　　海灘文化較為悠閒安靜，因此聚集許多優質旅館，漁夫村也多為特色小店及餐廳，晚上記得到這裡逛逛，每週一、三、五還有夜市。

查文海灘區　P.170

　　查文海灘區(Chaweng)是最熱鬧的區域，想在海島恣意放鬆尋歡者，到這區就對啦！

銀色沙灘　P.170

　　美麗的銀色沙灘(Silver Beach)較為安靜，也較適合家庭旅遊。

拉邁　P.170

　　拉邁(Lamai)大街雖不如查文海灘區熱鬧，但也不相上下了。

大佛寺(Big Buddha Temple)

蘇美島最為人所知的景點，建於1972年的Wat Phra Yai，往大佛寺路上有個小漁村黃昏市場，市場旁的小咖啡館可看到最美麗、寧靜的蘇美島夕陽。而島嶼南部的Wat Khunaram Ko Samui則以圓寂高僧金身(The Mummy)著名，許多信徒會特地到這裡朝拜。這附近的濱海地區還有另一間重要廟寺Laem Sor Pagoda。

大佛寺　　　　　　　　　以圓寂高僧聞名的Wat Khunaram

往大佛寺會經過一個小漁村，市場旁的小咖啡館可看到這麼美的日落景象

龜島(Ko Tao)及南悠島(Ko Nangguan) 周邊離島

龜島的環境仍比蘇美島還要原始許多，但並不是整個沿岸地區都有沙灘，許多旅館位於懸崖上，這樣的旅館較適合深潛。若喜歡有沙灘的旅館，可考慮Sairee Beach這區，這裡的日落真是美得太不真實！晚上的沙灘餐廳也很熱鬧，許多店家會在沙灘鋪上毯子，讓客人席地享受美食、美酒，還可一面欣賞火舞表演。時間不多者，可參加龜島及南悠島的一日浮潛及遊島行程。

欣賞火舞表演　　　　　　就連碼頭都這麼特別

Sairee Beach美得太不真實的日落

帕安島(Ko Phangan) 周邊離島

以月圓派對聞名的帕安島，其實非滿月期間，是個優美的小離島。若想參加月圓派對，也可在蘇美島購買月圓派對行程(Full Moon Party Tour)，門票200泰銖，可搭18:30的船班過來，隔天早上搭07:00的船班。活動資訊 www.fullmoonparty-thailand.com

安通群島國家公園 周邊離島

安通群島國家公園(Ang Thong National Marine Park)也是大部分遊客必訪的景點。整個海洋國家公園內，共散布著42座石灰岩小島，除了浮潛之外，就是探訪山中湖(Tallay Nai)，爬到制高點觀賞整個壯觀的海域景象。參加一日行程還可前往南悠島。

普吉島
Phuket

普吉島是南部最大島嶼，除了有美麗的沙灘外，也有正常的城鎮生活，不像與世隔絕的小離島。因此相對來說，島上的活動較多樣：白天可參加小離島泛舟及浮潛行程，晚上還可看各種表演秀、逛夜市。

最適合旅遊的季節：11～4月海水平靜、氣候穩定，較為涼爽。**旅遊淡季：**5～10月雨季，時有大風浪，不適合海上活動或搭船到其他離島。

機場交通

- **共乘小巴：**共乘小巴是最推薦的方式，單程約180～250泰銖。
- **機場巴士：**小出機場大廳左轉，依循巴士標示走。每人100～190泰銖，到普吉古城約1小時車程；前往巴東的機場巴士約1小時15分鐘。
- **計程車：**到巴東約800泰銖；跳表計程車約600泰銖（國際機場往5號出口方向走，便利商店前）。
- **嘟嘟車：**機場到巴東沙灘Patong Beach單程約400～500泰銖。
- **當地藍色雙條巴士：**普吉古城區Ranong Road街的巴士站可搭雙條巴士到巴東，一趟50泰銖。由普吉鎮市區也可搭三條巴士到觀光夜市及Central Festival，不過巴士時間只到18:00。

普吉島全圖

地圖繪製／許志忠

行程規畫

Day1 機場普吉古鎮、皇帝島浮潛、老街咖啡館

Day2 出海跳島行程（可參加日出行程，中午過後回到市區）巴東素林海灘、The Slate旅館

玩樂篇

主要觀光景點

普吉島的主要遊覽區域為西部及南部海岸，東北部較少遊客前往。主要城鎮為普吉鎮，是個迷人的古城小鎮，生活較為正常，不像巴東地區那麼瘋狂。巴東為主要觀光城鎮，由於大部分觀光客都住在這區，因此機場到巴東的小巴士較多。

機場區、Nai Yang沙灘區 P.172

普吉島機場位於島嶼的西北區，距離機場約10分鐘車程也有一區高級濱海旅館度假區，如著名的The Slate(請參見P.85)及Phuket Marriott Nai Yang Beach就在這裡。適合第一天抵達或最後離境前在此享受悠閒假期(也適合親子旅遊)。

素林沙灘區(Hat Surin) P.172

屬於較高級的沙灘區，就連沙灘上的躺椅都要高級許多，有許多優質度假旅館，很適合兩人世界的悠閒旅遊。

巴東(Patong Town) P.172

有海灘(Patong Beach)以及許多為觀光客而設的酒吧、餐廳，當然所有價錢都是觀光客價(如一碗麵80泰銖)，但也因此旅館選擇較多，如平價、設備完善的Lub d青年旅館(請參見P.86)。

奈函沙灘區(Hat Nai Harn) P.172

安靜的海灣沙灘區，靠近最南端的帖朋岬，又稱神仙半島，是泰國日落時間最晚的地點，海岬邊是欣賞落日的絕佳地點。

卡塔及卡隆沙灘區 P.172

卡塔及卡隆沙灘區(Kata Beach & Karon Beach)，雖然這區的海灘區有時風浪會較大，但相較於巴東區，環境較單純，適合家庭旅遊。

卡隆地區著名的佛寺　　卡隆山上著名的大佛，沿路有些地方適合觀賞日落

普吉鎮(Phuket Town) P.172

若你不喜歡太觀光化的地方，想找個較安靜、有點文化氣息的落腳處，普吉鎮是個理想的選擇。這裡的食宿價錢都較為正常，古城區的老街巷，保留完整的老建築，還有許多讓人流連忘返的懷舊咖啡館。

攀牙灣、龐德島泛舟行程 P.172

考帕泰奧國家公園(Khao Phra Thaeo National Park)的攀牙灣(Phang Nga Bay)行程是普吉島最熱門的行程，約需一天的時間，一般會參觀三個小島，包括讓人驚喜不已的蝙蝠洞(Bat Cave)、虹島(Hong Island)及著名的龐德島(James Bond)。

隨時可跳水　　非常有趣的蝙蝠洞

Chilva Market青蛙夜市

距離普吉鎮約5公里，18:00以前可由市場搭雙條車前往，回程可搭嘟嘟車。每天都有觀光夜市，美食部分也相當多元，週三～五鎮內還有廢墟夜市Indy Market，週末的市區夜市Walking Street，更是有趣！

Siam Niramit Phuket

P.172

✉55/81 Moo 5, Chalermprakiet Rd. / ☎(076)335-000 / ➡由普吉鎮搭車約20分鐘車程

泰國最著名的傳統文化秀，普吉島的表演場地規畫得相當完善，將泰國各地的建築特色、生活文化都搬進這個小文化村中，就連餐點都用心展現出泰國的精緻美食文化。表演前的戶外廣場還有精采的互動式表演，跟觀眾們打成一片，表演內容也較有文化深度。

泰拳

http www.boxingstadiumpatong.com / ✉2/59 Sai Nam Yen Rd. / ☎(081)737-7193 / ➡位於巴東市區，距離巴東海灘約10分鐘車程

巴東有兩個泰拳館，Patong Boxing Stadium每週一及週四、六晚上9點有泰拳實戰秀，而且是越夜越激烈，許多當地人會22:30以後才進場看比賽。泰拳是一種全身性的運動，越來越多人以泰拳為日常健身運動。有興趣者，也可參加這裡的泰拳課程(1小時500泰銖，另有一週及一個月的課程)。

Central Festival Phuket

✉V9R9+Q78, Wichit, Mueang Phuket / ☎(076)291-111 / ➡由普吉鎮搭車約15分鐘車程

普吉鎮邊緣的大型購物中心，內有超市、餐廳、中價品牌商店、居家用品，多為中價位較有質感的品牌，也有熱門連鎖餐廳、美食街及高級超市。

Jungceylon

✉200 Pa Tong, Kathu District, Phuket / ☎(076)600-111

巴東市區最大的購物中心，商場內也有許多餐廳及Big C超市。附近為巴東區最熱鬧的購物區，晚上的酒吧由購物區前一直延伸到濱海區。

Kopi de Phuket

http www.kopidephuket.com / ✉61 Phuket Rd. / ☎(076)212-225 / ⏰10:00～21:00

位於普吉鎮老街上的老咖啡店，除了飲料之外，這裡的餐點更是美味，尤其是以特殊香料爆炒調味的烤豬肉飯。若想喝好咖啡，推薦Campus Coffee Roasters。喝完後再到附近的小巷Soi Romanee拍繽紛的老房舍。

Pan Yaah Seaview Cafe Restaurant & Bar

✉249 Prabaramee Rd. Patong / ☎(090)389-6683 / ⏰11:00～24:00

位於巴東區山頂上的泰式建築，可享用各種經典泰國菜及普吉島特產菜，並擁有絕佳的海景。

Raya Restaurant

✉ 48 New Dibuk Rd. / ☎ (076)218-155 / ◷ 10:00～22:00 /
ⓘ 招牌菜：咖哩蟹肉麵線(Crab meat curry)

餐廳坐落在一棟近百年的優雅老建築中，以普吉著名的蟹肉咖哩聞名，而泰式炒河粉更是出奇地美味，麵條有著飽滿的蝦膏與香氣！曼谷也設有分店，位於蘇坤蔚路8巷，是一棟美麗的殖民風建築。

Tu Kab Khao Restaurant Phuket

✉ 8 Phangnga Rd.
◷ 11:30～00:30

普吉鎮內熱門的網紅店，優雅的店內布置，讓人拍不停，現代泰式及普吉傳統料理也相當美味。

皇帝島(Raya Island) 　周邊離島

擁有純淨海灘的小離島，由普吉島到此僅需半小時的船程，美麗的沙灘、清澈的海域，絕對讓你一下船就開始大叫！一般行程會早上搭船到此，浮潛後，約下午2～3點搭船回普吉本島。很推薦在島上的度假旅館住一晚。另一個熱門的離島是珊瑚島，也有一日行程：Coral Island Speedboat Tour。

往皇帝島的快艇　　　擁有純淨海域與平靜海灘

推薦在小島上過一夜

PP島(Phi Phi Islands) 　周邊離島

距離普吉島約2小時船程的PP島，同樣是個擁有純淨海域及平靜海灣的小離島，假期較短者，可從普吉島或喀比參加一日行程。但強烈推薦安排個2～3天的時間在島上吹涼風、好好放鬆度假！

雖然很多人會選擇從普吉島或喀比參加一日行程到大小PP島浮潛，但PP島的海域清澈迷人，島上有許多平靜的海灣，再加上PP島的海水顏色充滿元氣，在這裡休息個幾天後，整個人會有煥然一新的感覺。(住宿盡量不要選在碼頭區，太熱鬧，無法悠閒度假。)

島上許多旅行社提供浮潛行程，另也有Scuba潛水學習課程(有中文教練)。

除了PP島外，更南端的蘭島(Koh Lanta)，也是人人稱讚的美麗小島。島上最著名的度假旅館為Pimalai SPA Resort(www.pimalai.com)。

可坐在海中央看夕陽的PP島　　晚上也可看到一些優質酒吧

喀比(Krabi) 　周邊離島

喀比為南部臨著安達曼海(Andaman)的濱海區，並不是離島，因此一切消費價格都較正常。由於喀比鎮上沒有什麼特殊景點(碼頭區附近有些特色小咖啡館及民宿)，大部分遊客會選擇住在奧南海灘區，這區的濱海景色較美麗。傍晚時還可到Nopparat Tara Beach，跨過退潮的大海，站在海上看著艷紅的日落消失在石灰岩後，真是太酷的日落景象了！

此外，從喀比同樣可以參加攀牙灣龐德島的一日行程，或挑戰這裡著名的攀岩活動(Rock Climbing)。當然，喀比也是前往PP島的最佳據點。

喀比街上有許多小餐館

循著退潮的海水在海中看日落的喀比獨特景色

象島、閣骨島
Koh Chang、Koh Kut(Koh Kood)

位於泰國東岸、靠近柬埔寨的象島與閣骨島，同樣是可讓人暢享跳島趣的好地方，尤其是閣骨島，在泰國政府的保護下，大部分地區仍保持原始風貌，多數旅館坐擁絕美海景，或是躺在椰影搖曳的發呆亭、或是沙灘漫步、輕划獨木舟，讓人全然享受泰國海島度假的魅力。

行程安排方面，多數遊客會以象島為定點，一天遊島上的瀑布山林、一天參加跳島浮潛行程。然而優美的閣骨島也很適合住一晚，推薦象島住一晚遊山林、享受海島夜生活，另一天住閣骨島浮潛或泛舟。

交通

前往這兩座離島通常是由達叻(Trat)出發，曼谷開車到達叻約4個多小時車程，由Ekkamai巴士站搭大巴到此約5個多小時，也可搭機到達叻機場，再由此搭船到離島。

■ **前往象島：**前往象島的船家有2家：Ferry Koh Chang與Trat Ferry，分別由Centre Point與Ao Thammachat這兩個碼頭出發，汽車可上船，船程約45分鐘，旺季也有快船前往。

■ **由達叻前往閣骨島：**叻前往閣骨島、Koh Mak是由Laem Sok碼頭出發，船程約40分鐘，共有4家船公司營運，船班分較快的小船與較平穩的大船。擔心暈船者，還是選Boonsiri Ferry或Koh Kood Express的大船吧(購票時可先詢問)。前往閣骨島的船班無載運汽車的服務，不過碼頭都設有停車場。抵達後，可搭雙條車前往目的地，到各區都有固定價格。

■ **由象島前往閣骨島：**
也可由象島南部的邦寶碼頭(Bang Bao)出發，抵達後船家會安排雙條車免費送乘客到各家旅館。回程船票可請當地旅館代訂，船家會在指定時間到各家旅館接客。

▲ 人車都可上的大船

▲ 圖說

▲ 往閣骨島較平穩的大船

象島(Koh Chang)

象島是僅次於普吉島與蘇美島的泰國第三大島，因島形如大象而得其名。全島有70%仍為原始雨林，已列為國家保護區，禁止商業開發，因此相較於其他大島，這區的島嶼更有種與世隔絕的海島氛圍。

島上東部多為未開發區域，遊客主要集中在西岸的5個沙灘區：白沙灘（White Sand Beach）、孔拋沙灘（Klong Prao Beach）、卡貝沙灘（Kai Bae Beach）、孤獨沙灘（Lonely Beach）、邦寶灣（Bang Bao Bay）。

白沙灘是最熱鬧的區域，晚上有火舞、酒吧、夜市。孔拋沙灘遊客比較少一些，也方便到科隆普瀑布（Klong Plu），享受象島的山林。南部幾個沙灘因距離碼頭較遠一些，遊客少許多，不妨選一間較好的度假旅館放鬆一下，有些私人沙灘晚上也有精采的火舞表演。若要前往閣骨島住一晚，可以由最南端的邦寶碼頭搭船前往，或者請旅館協助訂跳島浮潛行程，就可以輕鬆跟團到各島觀光。若想住中間地段取個折衷，卡貝沙灘的AWA度假旅館是很推薦的濱海度假型旅館。

閣骨島(Koh Kut或Koh Kood)

閣骨島為保留原始風貌的隱世型泰國海島，島上有許多優質的度假旅館，有些沙灘旁的大樹還浪漫地綁上鞦韆，讓人輕觸溫暖的海水搖盪，島上各個安靜的沙灘、長堤上醉人的日落美景，堪稱泰國最浪漫的海島之一。

推薦Away Koh Kut度假旅館，各座度假小屋安安靜靜地隱立於綠林間，旅館前就是一片清澈海域，隨時可跳入海游泳、浮潛，累了就在岸邊發呆亭、林間休息，或者參加島上的潛水行程，悠游於這片純淨的海域。

通訊篇
Communication

在泰國打電話、上網、寄信

泰國的通訊已經相當發達，幾乎所有旅館、公共場所、咖啡館都可搜尋得到無線網路，另也可購買當地的SIM卡，旅遊通訊真便利！

打電話

從台灣打電話到泰國

國際冠碼+泰國國碼+區域號碼+電話號碼

撥打方法	國際冠碼+	國碼+	區域號碼+	電話號碼
打到泰國市話	002 / 009 / 012等	66	去0	市話號碼
打到泰國手機	002 / 009 / 012等	66	-	手機號碼，去0

■ 舉例說明

曼谷旅館的電話號碼：**(02)1234-5678** / 從台灣撥打的方式：**002 66 2 12345678**
泰國當地的手機號碼：**0987-654-321** / 從台灣撥打的方式：**002 66 987654321**

從泰國打電話回台灣

機場內有這樣的公共電話，可插入信用
卡使用，也可上網

國際冠碼+台灣國碼+區域號碼+電話號碼

　　泰國打電話回台灣的費率並不貴，若是通話時間不長的話，可直接使用漫遊號碼撥打。出國前須先打電話到電信公司的客服中心開通國際漫遊，到國外即可撥打電話回國。

　　建議撥打時可使用004的節費國際碼，1分鐘通話費約4泰銖，比一般按00或＋的費率還要便宜很多。

撥打方法	國際冠碼+	國碼+	區域號碼+	電話號碼
打到台灣市話	004或按+	886	去0	市話號碼
打到台灣手機	004或按+	886	-	手機號碼，去0

■ 舉例說明

台灣家中的電話號碼：**(02)1234-5678** / 從泰國撥打的方式：**004 886 2(台北) 12345678**
台灣朋友的手機號碼：**0987-654-321** / 從泰國撥打的方式：**004 886 987654321**

通訊篇

公共電話

手機普遍之後，電話亭越來越少見了，但有時緊急聯絡時仍可派上用場。

網路電話

現在幾乎都是透過網路通訊軟體聯繫，只要手機或電腦能上網，即可開啓這些通話軟體撥打電話給親友。最常見的軟體有Skype、Line、Whatsapp、Wechat等。

若需要打電話到手機或市內電話者，以Skype為例，上網儲值，便可利用Skype這個軟體撥打電話到世界各地，包括在當地需要聯絡旅館、預訂餐廳等，均可使用。

手機預付卡

最方便的方式當然是購買當地便宜又可上網的電話卡，泰國各家電信公司也針對遊客提供許多方便又划算的上網方案。

泰國現有True（類似中華電信，即將推出4G）、Dtac、AIS等電信公司。

遊客到泰國只要出示護照，即可購買當地電信公司的Prepaid Card預付卡，卡片充值後即可撥打電話及上網，以便使用Google Map及Grab叫車。若需再充值，可到便利商店、電信公司服務處、線上加值，即可繼續使用。

更推薦出國前先在台灣網購泰國當地電話卡，可依個人旅遊天數選擇電話卡方案，建議購買可打電話的電話卡，不要購買只能上網的電話卡，在當地有時仍需打電話預約，或與司機、旅館聯繫。

SIM卡這裡買

機場入境大廳

7-11便利商店

各電信公司門市： 在大型百貨公司及商場、市區均可看到通訊行。

網路平台： 可透過KKday這類的網路平台購買泰國SIM卡，在飛機上將卡片放進手機，抵達後開機即可使用。

應用泰文指指點點

公共電話 โทรศัพท์สาธารณะ	對方付費電話 จ่ายเงินปลายทาง	電話號碼 เบอร์โทร	電話卡 บัตรโทรศัพท์
SIM卡 ซิมการ์ด	無線網路 ไวไฟ	郵局 ที่ ทำการไปรษณีย์	郵票 ดวงตราไปรษณีย์ (แสตมป)
明信片 ไปรษณียบัตร	郵筒 ตู้ไปรษณีย์	快捷信 ไปรษณีย์ด่วนพิเศษ	郵寄包裹 พัสดุ
郵遞區號 รหัสไปรษณีย์	地址 ที่ อยู่	空運 ขนส่งทางอากาศ	海運 ขนส่งทางทะเล

我可以充手機嗎？
ฉันสามารถชาร์จโทรศัพท์มือถือได้ไหม(ค่ะ)

這裡有網路嗎？
ฉันสามารถใช้อินเตอร์เน็ตที่ นี่ได้ไหม

我連不上網
เน็ตต่อไม่ค่อยได้

開通上網方案

　　每個電信方案都有一個專屬代碼，例如：一週無限上網跟一日無限上網，會各有自己的代碼，需做開通系統的動作。購買預付卡時，隨附的說明書上面有開通方式。在台灣先購買預付卡者，有些需在出國前先做開通動作，抵達當地才插卡開始使用，有效日期是由在當地開始使用的日期起算。

自動加值機及APP

　　現在電信公司也在各地鐵站、購物商場服務處設有自動服務機，可在機器上辦理電信業務及加值。另也可下載電信公司的官方APP，註冊登入後即可透過APP輕鬆加值。

▲曼谷機場出關後即可看到各家電信公司的服務處

▲清邁機場領行李處設有電話卡購買櫃檯

SIM卡加值步驟 Step by Step

Step 1 **找到電信公司的自動加值機**

各大地鐵站及購物中心幾乎都有設點。

Step 2 **點選語言及選擇Top Up加值功能**

選擇想要加值的金額，每次加值，該電話號碼的有效期限就會往後延。**小提醒**：AIS的機器不找零、無法退錢，請務必投入正確金額。

Step 3 **輸入電話號碼**

輸入想加值的電話號碼後按OK，成功後就會收到簡訊通知。**小提醒**：便利商店或捷運站也可看到橘色的加值機，但這種加值機器，加值需扣2泰銖的手續費。

郵寄

寄明信片回台,每張郵票為15泰銖,郵寄時間約1星期。市區每個大區幾乎都可看到紅色招牌的郵局,便利商店也可購買郵票,但許多便利商店補貨的速度較慢,常會遇到賣完的情況。機場內也有郵局及快遞。

▲ 郵局的紅色招牌　　　▲ 各種創意設計郵票

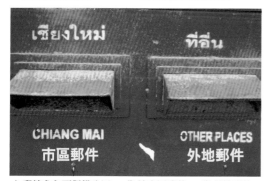

▲ 郵筒多有兩個投入口,一為該市區郵件,一為外地郵件

國際快捷

許多國際快捷公司在泰國也提供運送服務,如最常見的DHL、UPS、FedEx、Mailbox。在地鐵站及Tesco這種大型超市(如On Nut分店,接地鐵空橋的門口)可找到Mail Box的服務櫃檯。

信件種類

重要的信件:可選擇需要收信人簽名的快捷信(EMS,Express Mail Service)或掛號信(Registered Mail),國際掛號號費用為25泰銖。

■ 一般郵件郵資

郵件重量	國內平信	國際平信
20g以下(明信片)	2泰銖	12泰銖起
20～100g	5泰銖	19泰銖起
100～250g	5泰銖	59泰銖起
250～500g	9泰銖	140泰銖起
500～1,000g	15泰銖	260泰銖起
1,000～2,000g	25泰銖	509泰銖起

國際包裹郵資

航空包裹1公斤500泰銖起、2公斤800泰銖起……費用昂貴,可選擇Economy Air(SAL),大約3～4週抵達,1公斤286泰銖起、2公斤566泰銖起、3公斤740泰銖、4公斤860泰銖、5公斤980泰銖。海運(Sea Mail)約2～3個月,費用與Economy Air相差不多。泰國現在也有台灣的集運公司。

郵局即可購買郵寄紙箱,紙箱依大小約9～32泰銖,外加包裝費6～8泰銖。可在此網站查詢:www.thai-info.net/info/postalrates.htm。

通訊篇

應變篇
Emergencies

在泰國發生緊急狀況怎麼辦？

再安全的國家，都可能有旅遊陷阱，行前先瞭解安全方面的資訊，理當是行前
準備的重要步驟。

旅行泰國
安全叮嚀

泰國治安概況

泰國人的性格直爽樂天，一般人民都非常友善。但由於泰國是個高度觀光發展的國家，觀光客仍需要注意一些陷阱。許多騙術都已盛行多年，請務必注意，別再成為下一位受害者了！

人身安全基本概念

女性旅行者

一般來講，泰國旅遊還算安全，女性單行遊客不需太過擔心。只要注意晚上盡量避免到帕澎夜市這類的紅燈區走動，應該就不會有太大問題。

貴重物品不離身

南部長途巴士偶爾會有行李被偷的事件。搭夜間巴士時，務必將自己的貴重物品抱好，重要物品不要放在大行李中。

尊重當地文化習俗

到異地旅行時，遊客就像是到別人家做客的客人，應尊重別人的空間、生活方式，以開放的態度接受各種不同的習俗及價值觀。

尊重當地文化，例如不摸頭、不以腳指向人、入寺廟應脫鞋等基本禮儀。當你進店時，店家通常會說Sawadee問好，可以微笑回應，不要只顧著看東西。參觀景點時不亂丟垃圾、不破壞古蹟、自然環境，且務必尊重泰皇家族。

行家祕技

泰國旅遊常見騙術

狀況1 嘟嘟車載客珠寶店或黑心餐廳

行騙手法：「大皇宮今天沒開！」這是嘟嘟車司機用了好幾十年的老套騙術，但每天還是有很多新遊客受騙。聽到大皇宮、臥佛寺，甚至高山路沒開者，請別相信啦！

防範守則：如果你真的想搭嘟嘟車，很多旅館都有免費的嘟嘟車接駁到附近的地鐵站或商場。否則也千萬不要在大皇宮、臥佛寺、高山路搭乘嘟嘟車，遇到黑心嘟嘟車的機率是99%。現在也可透過APP叫嘟嘟車。

狀況2 行李超重請幫我託運

行騙手法：在機場辦理登機手續時會有陌生人說自己行李超重，請你幫忙託運行李。

防範守則：請務必拒絕！有攜帶違禁品風險。須注意泰國海關禁止攜帶的物品。

狀況3 穿戴體面的假導遊

行騙手法：清邁許多知名寺廟會出現一些號稱廟方人士且穿著體面的假導遊。

防範守則：請勿相信！廟寺通常只有和尚，沒有導遊。

狀況4 上酒吧人財盡失

行騙手法：偶爾會出現男性遊客上酒吧被下迷藥，洗劫一空的新聞。

防範守則：上酒吧尋歡，請務必自己注意安全。

狀況5 計程車不願跳錶計費

行騙手法：晚上常會遇到不願跳錶的計程車。

防範守則：計程車是遊客最常遇到的麻煩。有些司機不願跳錶計費，若價錢太離譜，請盡快換車。所幸現在可使用手機叫車，但前提是要有網路。請務必注意：如需議價，一定要講定價錢後再上車！

發生緊急狀況怎麼辦？

重要物品遺失

若不小心遺失了所有證件、錢財、信用卡及金融卡，或不幸遇到搶劫事件，請務必以自身安全為重，財物遺失也不用太慌張，處理方式如下：

護照遺失

向當地警察報案，取得報案證明，接著聯繫當地的台灣辦事處，補發回台的入國證明書即可。

請注意 出國前務必將各種證件備份保存，並留給家人一份；或者也可將證件掃描或拍照，存放到自己手機或電子信箱中。

身分證件、信用卡、金融卡遺失

馬上打電話回台掛失，旅行前應先將各信用卡發卡銀行的連絡電話另外存下來。

現金遺失

在外旅遊務必將現金分放在不同的行李中，不要將所有現金都放在同一個地方，若不小心遺失，還有備用金可用。旅行支票遺失的話，可向當地服務處報失並申請補發。

若是身上完全沒錢，可善用西聯匯款的服務。泰國的西聯匯款服務處相當普遍，各大城小鎮均可看到。只要請親友在台灣的西聯辦事處匯現金，並設定領款密碼，你就可在幾個小時內，持個人身分證件，到當地服務處告知匯款時所設定的密碼，即可領取現金。

現金救急看這裡

西聯匯款

http www.westernunion.tw

台灣服務電話 (02)7750-7797

圖片提供／許志忠

＊以上資料時有異動，以官方最新公告為準。

生病或發生意外

泰國醫學素質良好，近年也積極推動醫美旅遊，因此許多醫院可媲美五星級旅館。外國遊客如需就診，可向旅館詢問附近有哪些國際醫院或語言可通的診所。

泰國的藥局相當普遍，不需醫生診斷證明即可購買成藥。大城市觀光客較多的區域，藥局的藥劑師大多會說英文，只要告知症狀，也可先購買些成藥服用。

迷路

出發前務必將旅館資料印出，詳列泰文及英文的旅館名稱、地址、電話、周區地圖。入住旅館的第一件事情就是拿旅館名片，以免走出去就不知道怎麼回旅館了。

若有任何問題可請當地人(如警察或地鐵站服

務人員)協助撥打電話給旅館，告知你的所在位置，讓他們告訴你身邊的人如何協助你。

泰國觀光局資訊這裡查

觀光警察：1155	救護車：1669
泰國觀光局：1672	消防局：199
政府服務電話：1111	警察局：191

曼谷觀光警察
- ✉ 444 MBK Phaya Thai Rd, Pathum Wan, Bangkok
- 🕐 10:30～21:00

清邁觀光警察
- ✉ 196 หมู่ 1 Sriwichai Alley, ตำบล ช้างเผือก Mueang Chiang Mai
- 📞 (053)212-147

普吉觀光警察
- ✉ 327 Yaowarad Rd, Wichit, Mueang Phuket
- 📞 (076)223-891

＊以上資料時有異動，以官方最新公告為準。

內急

免費使用廁所

泰國的大商場相當普遍，商場內的廁所均免費使用，且相當乾淨。寺廟內多也提供免費廁所。鄉間的廁所設備較傳統，為蹲式廁所，須自己舀水沖廁，但一般來講都很乾淨。泰國算是東南亞國家中，非常現代化的國家了。

蓮蓬頭特殊用法

泰國馬桶旁都會有一個小蓮蓬頭，這是相當便利的裝置，可用來沖屁股、洗腳、洗馬桶、洗地板，萬用設備。

應用泰文指指點點

阿司匹林 ยาแก้ปวดศีรษะ	止痛藥 ยาแก้ปวด	消炎藥 ยาแก้อักเสบ	抗生素 ยาปฏิชีวนะ
草藥 ยาสมุนไพร	生病 ไม่สบาย	痛/受傷 เจ็บ	西醫 หมอ
副作用 ผลข้างเคียง	救護車 รถพยาบาล	醫院 โรงพยาบาล	藥局 ร้านขายยา
護照 หนังสือเดินทาง	護照號碼 เลขที่ หนังสือเดินทาง	皮夾 กระเป๋าสตางค์	

救命，請報警
ช่วยเรียกตำรวจให้ที

請叫救護車
ช่วยตามรถพยาบาลให้ด้วย

請帶我到醫院
ช่วยพาฉันไปโรงพยาบาลที

你可以幫我嗎？
ช่วยหน่อยได้ ไหมครับ(ค่ะ)

我的包包不見了
ฉันทำกระเป๋าหาย

我可以借用你的廁所嗎？
เข้าห้องน้ำหน่อยได้ ไหมครับ(ค่ะ)

救命小紙條 你可將下表影印，以英文填寫，並妥善保管隨身攜帶

個人緊急聯絡卡
Personal Emergency Contact Information

姓名Name：

國籍：Nationality

出生年份(西元)Year of Birth：

性別Sex：

血型Blood Type：

護照號碼Passport No：

台灣地址Home Add：(英文地址，填寫退稅單時需要)

緊急聯絡人Emergency Contact (1)：

聯絡電話Tel：

緊急聯絡人Emergency Contact (2)：

聯絡電話Tel：

信用卡號碼：

海外掛失電話：

信用卡號碼：

海外掛失電話：

旅行支票號碼：

海外掛失電話：

航空公司國內聯絡電話：

海外聯絡電話：

投宿旅館Hotel (1)：

旅館電話Tel：

投宿旅館Hotel (2)：

旅館電話Tel：

其他備註：

泰國旅遊緊急聯絡電話一覽表
救護車 1669
觀光警察 1155
報警 191

駐泰國台北經濟文化辦事處
網址：www.taiwanembassy.org
電話：6681-666 4006
旅外國人急難救助全球免付費專線電話：
001-800-0885-0885

So
Easy